Copyright © 2024 Hanzel Newcastle

All rights reserved.

ISBN:9798346195078

Otros libros publicados por Hanzel Newcastle:

- ¿Puede un simple rumor destruir una vida? La verdad de Zendry: Una historia animal
- La Estrella en la que Debo Convertirme
- Hazte Millonario: Vendiendo Terrenos en el Cielo
- Hazte Millonario: Manifestando

Música y álbumes de Hanzel Newcastle:

- Possible (2019)
- Besitos sabor a coco
- I'm Okay
- Fancy Loco
- Sagas of Dreams (Álbum)

Explora más de la obra de **Hanzel Newcastle** y sé parte del universo construido con pasión, audacia y creatividad.

DEDICATORIA

En este mundo, habemos un pequeño porcentaje de personas que sabemos que estamos destinados a la grandeza.

Este libro es para quienes, como yo, soñaron en grande, buscando llevar su esencia y su historia a otro nivel. Porque el lugar de donde venimos no define hasta dónde podemos llegar.

"Nunca quise ser un estadounidense; solo quería representar a mi país en otra categoría.

El lugar no siempre determina el resultado"

AGRADECIMIENTOS

Esta historia es de éxito

Gracias, Guzzo, él único que creyó que podía cambiar al mundo, y que con sus sabios consejos influyó para que finalmente sucediera.

Gracias, mamá, por siempre poner comida y bebida sobre la mesa, me dio el tiempo para perseguir mis sueños incluso cuando no entendías completamente lo que estaba construyendo.

Gracias abuelita, por tu apoyo y tus criticas que, aunque no lo supieras, las utilice para seguir adelante con más fuerza.

Gracias, padre, por las primeras decisiones que tomaste para mi futuro.

Pero sobre todo, quiero agradecerme a mí, por no rendirme, por siempre tener fe en mí más que en cualquier otra cosa, esa perseverancia ha sido la clave que me ha permitido avanzar y lograrlo todo.

Esta historia es mía, y cada paso que he dado aunque inviable e invisible para otros, me ha acercado más a la visión de éxito que tengo.

CONTENIDO

1	Para cuando sea **GRANDE**	1 pag.
2	Irme o Quedarme	17 pag.
3	Mis horribles Maestros	20. pag.
4	Buscando mi lugar	31. pág.
5	Los millonarios pierden miles antes de ser millonarios	38. pág.
6	A veces tienes que arriesgarlo todo por un sueño que sólo tu ves	43. pág.
7	El Universo	74. pág.
8	¿La Manifestación Funcionó?	88. pág.
9	Si tan seguro estas, quema los barcos	94. pág.

"Escrito con la firme convicción y seguridad de que llegaré a ser tan grande y exitoso, que van a necesitar un guión para la futura película que harán sobre mi."

-Hanzel Newcastle

LA ESTRELLA EN LA QUE DEBO CONVERTIRME

1 PARA CUANDO SEA GRANDE

Sé cómo son los productores en Estados Unidos. Especialmente esos de Hollywood.

Si escucharan que soy mexicano, probablemente me pondrían en un plano medio, bajo el sol, cosechando maíz en el campo con las manos llenas de tierra. Y música de un tal…¿Chalino Sanchez?

Nah. Esa no es mi historia. Yo no crecí en el campo, tampoco fui de rancho, no crecí, ni muy pobre ni muy rico, mi historia es diferente. Todo comenzó en un pequeño negocio de ropa, un humilde local en el mercado de Chiconcuac, ahí, en el Estado de México.

Uno de los recuerdos más vívidos que tengo de esos primeros años es una canción que marcó mi infancia: **"Así es la vida, de caprichosa, a veces negra, a veces color rosa..."** Era la canción que mas cantaba en esos tiempos. Mi abuelita Toyo siempre me pedía que la cantara, y yo de niño, repetía esa canción una y otra vez. Incluso cuando llegaban otras personas a visitarla, siempre decían: "¡Que el niño cante la canción de 'Así es la vida'!".

Esa canción me acompañó desde muy pequeño, aunque yo no le entendiera muy bien a esa edad.

LA ESTRELLA EN LA QUE DEBO CONVERTIRME

No sabía entonces que la música formaría parte importante de mi vida en el futuro, pero esos momentos fueron divertidos, y tal vez ahí fue que emergió la **chispa**, aunque en ese momento solo fuera un juego más.

Viví mis primeros tres años en casa de mis abuelos **maternos**, un hogar humilde y pequeño, pero lleno de amor. Mi abuelita Toyo era mi refugio, mi paz; con ella, **el mundo era simple y sin preocupaciones.** Desde pequeño, me transmitió su profunda fe católica, me llevaba a la iglesia y, para mantenerme tranquilo en las misas, me daba unos chetos para entretenerme; dicen que por eso me puse muy gordito. Aunque no entendía mucho, sabía que para ella era importante. Así crecí, rodeado de amor y tranquilidad. A mis padres casi no los veía, trabajaban mucho en el negocio en Chiconcuac.

Desde pequeño ese fue mi mundo, ahora estoy en mis 20s escribiendo esta guía para la futura película, o sea, esta que estas viendo. ¡Por cierto! Mi nombre es Hanzel, **Hanzel Newcastle.**

Después de esos primeros años, las cosas cambiaron; me mudé a la casa de mi **abuela paterna**. A mis padres les iba bien en el negocio, parece que teníamos dinero, pero nuestra vida cotidiana no lo reflejaba. Vivíamos en una casa grande, pero rodeados de muebles viejos y desgastados, todo estaba tan apretado que apenas cabíamos.

LA ESTRELLA EN LA QUE DEBO CONVERTIRME

Aunque teníamos autos de agencia, la casa distaba mucho de parecer lujosa, no era la vida que uno imaginaría para alguien capaz de **comprar autos al contado.** Sin embargo, tras un viaje a **Hong Kong,** mi padre comprendió que el verdadero éxito estaba en dominar el idioma inglés, y por eso me inscribieron en una escuela privada, para aprenderlo desde temprano y que se volviera casi mi segundo idioma. Para mi padre, ser inteligente y exitoso no era posible sin hablar inglés. No había otra opción.

Al principio no era muy bueno en el idioma, mi padre me pegaba si no aprendía, aunque en ese momento no sabía que luego me abriría muchas puertas. Ni siquiera mi abuelita paterna. **Maria**, estaba muy enojada con la decisión de mi padre de meterme en una escuela privada. Para ella quien careció económicamente en su infancia, **el dinero era algo fundamental.**

Refunfuñaba constantemente sobre lo que ella consideraba un desperdicio: **"¡Métthelo en la de gobierno!"** decía. Mi abuelita no era muy lista. Para ella, pagar por una escuela privada no tenía sentido, y su opinión reflejaba claramente su ignorancia, como la de algunos otros mexicanos.

En esos años recuerdo a mi mamá cantando y bailando música de **Madonna** y **Britney Spears**, mientras se vestía como una **artista.** Desde mi cama observaba y disfrutaba esa gran influencia musical.

LA ESTRELLA EN LA QUE DEBO CONVERTIRME

Mi padre siempre decía que quería lo mejor para mí, y aunque apreciaba esa intención, era difícil conciliarla con el hombre agresivo que convivía con nosotros. Casi siempre estaba ausente, pero cuando estaba en casa, su presencia era complicada. La agresividad, la inestabilidad mental y emocional nos llevaban a constantes peleas. Tantas peleas frecuentes que se volvieron algo común para mí.

De hecho, no recuerdo un solo día en mi infancia en que él me haya llevado a la escuela, no estaba presente en mis días más comunes, era mi **madre** quien estaba ahí, siempre. Se levantaba temprano, me preparaba el desayuno y prendía la televisión con el volumen tan alto que las caricaturas me sacaban del sueño. **No me gustaba despertar,** pero era imposible ignorar ese ruido. Ella me peinaba, me arreglaba, y luego nos íbamos juntos a la escuela.

Lo que sí recuerdo claramente de él es que, en varias ocasiones, mi madre salía a buscarlo en la madrugada. No sé cuántas veces fue, pero en una o dos ocasiones me desperté en plena noche y la vi preparándose para salir. Le preguntaba adónde iba, pero solo respondía "duérmete" así que le decía que quería acompañarla. Nos subíamos a la vieja Express blanca y manejábamos por las calles vacías y oscuras en busca de él. Nunca lo encontrábamos. Mi madre siempre pensaba que estaba con otras mujeres.

Esos momentos eran los que marcaban la realidad de nuestra vida en casa.

LA ESTRELLA EN LA QUE DEBO CONVERTIRME

A veces me resulta extraño pensar que éramos una familia de tres que viajaba mucho, porque la verdad no tengo muchos recuerdos de esos momentos. Si llego a recordar algo es porque, de vez en cuando, encuentro fotos de esos viajes. Sin embargo, no puedo evocar esas experiencias de forma natural. No tengo esa conexión emocional, como si en mi memoria nunca hubieran existido. Lo que más recuerdo con claridad **no son** los momentos felices, sino la última gran pelea que vivimos. La más fea de todas.

Tenia siete años. Esa noche, intenté proteger a mi madre de los golpes de mi padre con un palo de escoba que encontré; él me golpeo tan fuerte en la cara que sangré toda la cocina. Me doy cuenta de que ahora, para recordar aquellos viajes, necesito ver alguna fotografía, porque por mí mismo, no me viene ningún recuerdo claro de esas salidas. En cambio, las peleas, esas nunca se me olvidan.

Esa fue la ultima noche que dormí en esa casa. Mis padres se separaron después de esa pelea y me fui con mi mamá lejos de ahí. Regresamos con mi abuelita Toyo.

Años después, mis padres intentaron seguir juntos, pero las peleas continuaron. Al final, fue mejor terminar esa relación tóxica. A veces estábamos juntos como familia, a veces no. Pero lo que más recuerdo es que solo deseaba estar lejos, lo más lejos posible de mi padre.

LA ESTRELLA EN LA QUE DEBO CONVERTIRME

Curioso es que yo no le tenia miedo, solo no me gustaba estar con él.

Estar con mi padre era de los momentos mas horribles que podía tener; solo fingir que me caía bien era un martirio, tratar de hacer lo que él quería era una carga constante, como si nunca pudiera ser yo mismo. Era como caminar en una cuerda floja, esperando el momento en que cualquier paso en falso podría desatar el conflicto que siempre temía. Por otro lado, con mi madre, aunque también podía ser agresiva, prefería estar con ella antes que con él.

Después de la compleja dinámica familiar, recuerdo que cuando iba en quinto grado, justo antes de cumplir 10 años, nos pidieron que dibujáramos **lo que queríamos ser de grandes.** Era una actividad común, pero para mí fue un momento importante. No sabía exactamente qué dibujar, pero en mi mente, lo que más deseaba era claro: **dibujé un escenario enorme, con miles de personas, y yo en el centro, cantando para esa multitud. Imaginaba una vida llena de éxito, con una mansión y una alberca** con forma de cacahuate, o al menos eso fue lo que pensó mi compañero Ricardo, quien me preguntó: "¿Te gustan los cacahuates Hanzel?" Y yo, algo confundido, le respondí que no. Fue entonces cuando me señaló mi dibujo y dijo: "Pues dibujaste un cacahuate". Le expliqué que no era un cacahuate; sino mi alberca, parte de la mansión que soñaba tener cuando fuera **famoso y millonario.**

LA ESTRELLA EN LA QUE DEBO CONVERTIRME

Persiguiendo mi sueño desde los 12 años.

Desde niño, fui muy solitario; algunos me hacían bullying, y me iba mal en la mayoría de materias como historia, matemáticas, e incluso música. A pesar de eso, siempre decía que quería ser **famoso y millonario.** Recuerdo que cuando estaba en Chiconcuac, solía hacer **"Mi Mansión"** con cajas de cartón vacías de la mercancía que nos llegaba. (Ahora entiendo que esos pequeños inventos eran una visión infantil de lo que algún día aspiraba a lograr). Y aunque en ese momento eran solo palabras y sueños de niño, algo dentro de mí empezó a cambiar un año después.

Tenía 11 años y ensayábamos el vals de salida de 6° de primaria, y durante uno de esos ensayos, algo increíble ocurrió. Sentí como si, de repente, alguien hubiera encendido un interruptor en mi mente, **como si un oficinista en mi cerebro bajara las escaleras y prendiera un "switch".**

Fue en ese momento que comencé a imaginar melodías, a sentir que podía crear canciones. Fue una sensación extraña pero emocionante. Nunca antes había experimentado algo así. Después de ese ensayo, corrí a una banca y comencé a escribir mi primera canción. No fue perfecta, pero ese momento marcó el inicio de algo grande, algo que sin saberlo entonces, definiría mi vida en los años por venir.

LA ESTRELLA EN LA QUE DEBO CONVERTIRME

A mis diez años, el mundo se enteró de la muerte de Michael Jackson. En ese momento, no sabia de él, pero su muerte me impulsó a investigar todo sobre él. Me sorprendió descubrir la magnitud de su éxito y lo grande que fue. Esa revelación me llevó a hacerme una promesa: **yo iba a ser el siguiente rey del pop, el futuro rey del pop estaba en México.**

"Recuerdo que cuando era niño, miraba a través de la ventana del carro mientras mis padres manejaban. Cada vez que veía un avión pasar, mis ojos brillaban, y me decía a mí mismo: 'Algún día estaré en uno de esos aviones, volando a Estados Unidos para hacer mi sueño realidad".

Tiempo después, al entrar a la secundaria, mi mente fluía con muchas ideas musicales. **Me convertí en una maquina de escribir canciones.** Durante mi primer año de secundaria, mi mente se llenaba constantemente de nuevas canciones, y escribía una tras otra. Yo no era el más destacado en lo académico, de hecho nunca me considere muy listo, **la música siempre fue mi pasión y era lo único a lo que le ponía atención. Recuerdo que miraba al cielo y hablaba mucho con la estrellas sobre eso.**

En la transición de primero a segundo de secundaria, atravesé una crisis adolescente donde sentía que nadie me entendía y que estaba solo. En esos momentos oscuros, pensé en el suicidio. Sin embargo, fue en ese tiempo que descubrí la música de **Eminem**.

LA ESTRELLA EN LA QUE DEBO CONVERTIRME

Sus letras, que a menudo hablaban de depresión y superación, me ayudaron a superar mi crisis. **Eminem** se convirtió en mi artista favorito de adolescencia. Aprendí las letras de sus canciones, las imprimía e intentaba rapear sus canciones con la misma fluidez y precisión, lo que me ayudó a perfeccionar mi pronunciación en inglés inconscientemente.

Después de esa **fase** conocí a **Bruno Mars**, quien también se convirtió en uno de mis artistas favoritos. Vaya que crecí con una amplia gama de influencias musicales: **Michael Jackson**, **Madonna**, **Britney Spears**, **Coldplay** y en ocasiones, solía cantar todo el álbum de **Linkin Park.**

Pero, se dan cuenta de que aparte de **"Así es la vida de Caprichosa"** las demás canciones eran en **Inglés? ¡Si y las letras que yo escribía también!**

Entonces en la escuela me hice un poco conocido porque escribía canciones en Inglés, y como todos mis compañeros hablaban Inglés pues para mi era algo muy normal. (Años después me di cuenta de que yo vivía en otra realidad, distante a lo que es México). Nunca tuve muchos amigos, pero encontraba consuelo en el reconocimiento de mis maestros. Casi siempre me asignaban los **protagónicos** en las clases de actuación y me invitaban a cantar con la banda de la escuela, quizá ellos veían algo especial en mi. Esos momentos eran increíbles.

LA ESTRELLA EN LA QUE DEBO CONVERTIRME

Inspirado por el talento para dibujar de algunos compañeros, también comencé a dibujar. Cada experiencia fue moldeando mi confianza y amor por el arte.

En esos años ya sentía que mi sueño estaba a punto de cumplirse. Con roles protagónicos en mano, siendo vocalista de la banda de la escuela y escribiendo mis propias canciones, creía que no faltaba mucho para que llegara un representante, me descubriera, y me llevaran a las grandes ligas.

"¡Qué me lanzará!" Ya me veía con manager, firmando contratos millonarios, y viviendo la vida que siempre había deseado.

Incluso me llegué a comparar con Justin Bieber. Él es un poco mayor que yo, pero ambos estábamos en la música, y mientras él causaba un gran impacto, yo seguía esperando mi oportunidad. Recuerdo que hasta incluso escribí una canción con una melodía muy similar a la de una canción que él lanzó poco después.

Fue tan extraño, porque pensé: 'Esa melodía la imaginé yo primero, debería pelear por mi canción'. Pero, claro, **¿cómo iba a competir con Justin Bieber si yo ni siquiera era conocido?** Él ya había lanzado su tema mientras yo apenas soñaba con reclamar esa idea. Fue una coincidencia increíble, me dejó pensando en lo cerca que estaba de mis sueños.

LA ESTRELLA EN LA QUE DEBO CONVERTIRME

Y luego, el tiempo simplemente pasó. Salí de la secundaria, pero no logré obtener un lugar en una preparatoria, lo cual fue una gran decepción para mi familia. A pesar de haber sentido mi sueño tan cerca, no sucedió. Era como si se hubiera desvanecido en el momento en que dejé la secundaria. Recuerdo que incluso llegué a pensar, **'¿Para qué ir a la preparatoria si ya me iba a volver famoso y millonario?'** Quizás por eso no me esforcé en el examen, y al no quedar aceptado, mi sueño se desvaneció aún más.

Mi padre no quiso seguir pagando escuela privada, a pesar de que la educación era su **única** aportación a mí después de la separación, y terminé en una escuela de gobierno poco convencional. Fue una realidad difícil de aceptar; una choque entre las expectativas que tenía en la secundaria y lo que realmente enfrentaba en esa nueva etapa. **La distancia entre lo que había soñado y lo que estaba viviendo nunca me había parecido tan grande.**

Aún recuerdo la primera vez que llegué a la Escuela de Gobierno. Me quedé helado al ver cómo la gente se formaba, esperando que abrieran las puertas.

(En escuelas privadas, escuchar sonideros, corridos o banda no es común; simplemente no encaja. Si alguien lo hace, definitivamente llamaría la atención y se consideraría extraño. En cambio, en educación pública, raro es quien escucha música en inglés)

LA ESTRELLA EN LA QUE DEBO CONVERTIRME

Lloré desesperado, pidiendo que me regresaran a la escuela privada, sentía que ahí estaba mi verdadera oportunidad de seguir desarrollando mi sueño de ser actor, cantante, de vivir del arte. Pero las escuelas de gobierno carecían de esas opciones, especialmente la preparatoria en la que terminé, me metieron ahi porque fue la única opción que el sistema arrojó.

Fue devastador. Nunca lo pude procesar, ni entonces ni ahora. Aún me duele pensar en la diferencia entre lo que soñaba y la realidad en la que me encontré. Pasar de una escuela privada, donde **creía que podía lograrlo todo,** a una escuela de gobierno donde mis sueños parecían imposibles, fue un golpe del que aún no me recupero. Fue un trauma, un choque brutal entre lo que imaginaba para mí y lo que realmente sucedió. **Horrible.**

Yo era la decepción de mi familia por no haber conseguido un lugar en una mejor escuela, la que ellos querían para mí. Pero, la verdad, yo tampoco deseaba esas opciones. Creí que me seguirían apoyando, que con sus recursos podían hacerlo, **pero decidieron no hacerlo.**

Lloraba, me desesperaba; una preparatoria técnica, donde mi padre eligió la carrera que debía estudiar. Sin opción a cambiarla por algo mejor, insistió en que esta decisión era lo que **'me serviría en la vida.'** Mis sueños nunca fueron tomados en cuenta. Cuando intenté elegir otra opción, él lo descartó de inmediato.

LA ESTRELLA EN LA QUE DEBO CONVERTIRME

Fue una frustración enorme, como si estuviera atrapado en un camino que nunca elegí, forzado a seguir un rumbo que no me representaba, mientras seguía alimentando la inútil esperanza de que algún día, de escuela me cambiaran.

Pero no pasó, nunca me cambiaron de escuela, comencé la preparatoria, que se sintió como un **mundo totalmente ajeno**. Todo era nuevo para mí, extraño y **difícil de aceptar.** Sentía que vivía una realidad que no me pertenecía. Mi abuelita Maria, un tiempo después, me dijo que si realmente quería estudiar música, podía inscribirme a una escuela de musica cerca para que aprendiera a tocar la guitarra.

*"Quizás no fui claro al decirles lo que quería con mi sueño como tal, solo les mencioné que quería música. Mi padre fue tajante: **'La música no te va a dejar nada,'** decía. Y mi madre, por su parte, tampoco lo veía bien; me advertía que no quería verme llegando borracho a casa a las cinco de la mañana. Aunque nunca he tenido esos malos vicios, sus palabras, en lugar de ser apoyo, me hicieron sentir limitado, como si mis sueños y metas no tuvieran valor para ellos."*

Aunque la verdad, yo no quería aprender a tocar ningún instrumento, solo quería ser cantante, **una estrella.** Pero acepté las clases de guitarra. Mi abuelita me compró una guitarra acústica para empezar, y mi padre, no sé por qué razón, después también me compró mi primera guitarra eléctrica.

LA ESTRELLA EN LA QUE DEBO CONVERTIRME

Gracias por la intención. Pero ahora me doy cuenta de que lo que realmente necesitaba era algo completamente diferente. **Si yo era el escritor de canciones, lo que debí haber hecho era pagar un estudio de grabación**, contratar a un productor musical y finalmente ver una de mis canciones hecha realidad.

Sin embargo, como adolescente, me resultaba complicado saber a quién acudir. En la escuela de música decían que eso costaba mucho dinero, y yo estaba convencido de que mi familia no iba a apoyarme con una inversión tan grande para sacar mi primera canción, **y peor si no tenían la visión**. Me parecía imposible.

(No es lo mismo ser un "músico", a un **artista musical,** aunque me rodeaba de músicos talentosos, ellos no componían, pero yo, **imaginaba musica, la sentía, podía crearla.** No era solo un músico más, sino alguien con una visión musical única)

De cualquier modo, la preparatoria seguía siendo una perdida de tiempo para mi, y aunque la escuela de música me acercaba un poco más a mi sueño, tampoco me sentía satisfecho. **Era como si estuviera dividido entre lo que se daba y lo que debía ser.**

LA ESTRELLA EN LA QUE DEBO CONVERTIRME

Durante esos tres años, viví atrapado en un sistema que no me motivaba. No fue una etapa especialmente productiva, no puedo decir que me haya dejado algo valioso. Lo único que conseguí fue una relación tóxica, y aunque salí con un título técnico y cédula profesional, nunca sentí que eso me fuera a servir en la vida. **Porque en realidad nunca me vi siguiendo ese camino.**

*"Años después. **En la carrera de maestro**, estando en escuelas públicas, me quedó claro que un padre no puede permitirse bajar el nivel educativo que le ha dado a su hijo sin una razón de peso. **Es un error y un desperdicio.** Siempre elegiré invertir en buena educación, porque incluso si mis hijos no fueran los más listos académicamente, al menos tendrán más habilidades y estarán mejor preparados que aquellos que solo tuvieron educación pública."*

Lo más doloroso de esa etapa fue sentir **cómo algo en mi interior bloqueó mi capacidad para escribir canciones.** Sentía una profunda nostalgia al recordar cómo en la secundaria era una máquina de crear música; las ideas fluían sin esfuerzo, pero en la preparatoria, por más que lo intentaba, no lograba crear nada.

A pesar de estar en la Escuela de Música, no lograba conectar con la creación musical. **Era como si algo dentro de mí me hubiera bloqueado por completo. Fueron tres años en los que me consumía la sensación de haber perdido lo que más me definía.**

LA ESTRELLA EN LA QUE DEBO CONVERTIRME

Empecé a creer que había dejado atrás mi talento, que había perdido mi don para siempre.

Finalmente terminé la preparatoria, pero no puedo evitar considerarlos como los tres años más desperdiciados de toda mi vida. En lugar de avanzar hacia mis sueños, me sentí estancado, atrapado en un ciclo de rutina y desmotivación. A menudo reflexiono sobre lo que pude haber logrado si el apoyo y las decisiones hubieran sido mejor guiadas.

Al cruzar esa etapa, mi vida carecía de dirección. Había perdido el sentido de quién era y lo que realmente me hacía feliz: la música. **Sin mi don para crear, el camino frente a mí parecía vacío, sin propósito. No tenía claro hacia dónde ir, ni cómo encontrar motivación que me ayudara a avanzar. Me quedé estancado, sin saber qué hacer con mi futuro.**

Pasó lo mismo nuevamente. Hice el examen para la universidad, pero no me quedé en ninguna. Igual que en la preparatoria, volví a ser la decepción de mi familia. Ni siquiera recuerdo bien que carrera elegí, artes no fue claro, pero no conseguí entrar ni en UNAM ni en IPN.

LA ESTRELLA EN LA QUE DEBO CONVERTIRME

2 IRME O QUEDARME

"Recuerdo que mi padre me dijo al inicio de la preparatoria: "Si en tres años no me dices qué quieres estudiar, te voy a meter a la carrera de Derecho."

*"Pero yo si sabia perfectamente hacia dónde tenía que ir. Tenía claro lo que quería hacer: crear música, convertirme en el artista **famoso y millonario** que siempre quise ser. Mi familia nunca vió por impulsarme mas allá. Estoy convencido de que si mi familia me hubiera apoyado en ese camino, ya habría triunfado. No estaría en mis veintitantos sin dinero, sin haber alcanzado el éxito que sé que estaba destinado a tener."*

*Estoy seguro, completamente seguro, que de haber impulsado mi visión desde el principio, hoy estaría en el lugar que me corresponde, con millones de dólares en mi cuenta. Lo sé. **No me equivoco cuando lo digo, porque ya voy para allá.** Quizás en ese entonces fue la creencia equivocada de mi familia, de que del arte no se vive, que no hay dinero ahí. Lo irónico es que en el arte sí hay mucho dinero. El problema es que no estábamos en el lugar correcto.*

Tal vez no había otra forma de lograrlo que saliendo de México, y ahí fue donde fallamos. Y lo digo así porque, para ese tiempo, mi padre tenía intención de enviarme a Irlanda para estudiar Negocios Internacionales, lo que representaba un camino interesante hacia el éxito.

LA ESTRELLA EN LA QUE DEBO CONVERTIRME

Sin embargo, surgieron varios factores que generaron dudas. Primero, la desconfianza hacia la empresa a la que mi padre contactó para gestionar los trámites. Querían que les diéramos el dinero casi de inmediato, lo que nos hizo dudar de sus intenciones. No parecía que realmente estuvieran interesados en mí como estudiante, sino simplemente en recibir el pago. No nos terminó de convencer, ademas Irlanda presentaba sus propios desafíos: estudiar, trabajar para pagar la escuela y, una vez más, enfrentarme a una carrera que yo no había elegido.

Además, mi familia no estaba completamente convencida de la inversión; la escuela ni siquiera parecía tan impresionante, lo que nos llevó a cuestionar si realmente valía la pena arriesgarlo todo por eso. Quizás, al final, mi padre tampoco tenía los recursos necesarios para financiar algo tan ambicioso. Para rematar, resultó que la escuela no ofrecía programas en Negocios Internacionales, sino solo diplomados en inglés.

Incluso una vez les llamé y quizás como a cualquier empresa, les importaba mas el dinero; mirábamos la escuela en internet y pensábamos: "No parece la gran cosa como para costar tanto. Entonces mi padre decía cosas como: "Te mando a China a estudiar con los monjes Shaolin unos tres meses," como si lanzara ideas al aire, sin ninguna certeza. Nunca hubo un plan concreto, solo puras ilusiones.

LA ESTRELLA EN LA QUE DEBO CONVERTIRME

Incluso fuimos a exposiciones de universidades extranjeras, pero los costos eran exorbitantes. Nos decían: "Si puedes pagar el TEC de Monterrey, puedes pagar una universidad en el extranjero." Aunque, como ya mencioné, la realidad era que mi padre no tenía los recursos. **Como dicen, al final creo que la intención es la que cuenta.**

En realidad es que mi padre siempre ha tenido acceso a cierto dinero. Sin embargo, su mala administración y su tendencia a derrocharlo en sus vicios, hacen que rara vez tenga dinero disponible. Aunque tiene, pareciera que no tiene, pero, en fin.

Mi deseo de dejar atrás la vida en el mercado de Chiconcuac se desvanecía poco a poco. La rutina, las largas horas rodeado del mismo ruido y las mismas caras, todo comenzaba a volverse intolerable. Anhelaba algo más allá, algo que me sacará de ese círculo que parecía no tener fin. Había pasado toda mi vida ahí, cargando bultos pesados de ropa y atendiendo gente, y anhelaba finalmente dejarlo atrás.

Después de las falsas ilusiones, mi abuelita Maria me dijo que, si no podían costearme una universidad en Dublin, al menos podría comenzar a estudiar Negocios Internacionales aquí, mientras mi padre resolvía lo de Irlanda. De esta forma, si llegaba a irme, ya tendría conocimientos para continuar la carrera allá.

LA ESTRELLA EN LA QUE DEBO CONVERTIRME

Mi abuela, aunque tenía los recursos para cubrir la universidad por completo, es extremadamente reservada con su dinero, hasta el punto de que cualquier gasto le resulta doloroso. Por eso, le pidió a mi madre que contribuyera con la mitad de cada mensualidad, y gracias al esfuerzo y sacrificio de ambas, finalmente pude inscribirme y comenzar la carrera de Negocios Internacionales en UVM.

3 MIS HORRIBLES MAESTROS

Ya no tenia mi don, sin mi talento para crear música, dejé que la vida y las expectativas de mi familia me llevaran por el rumbo que parecía correcto, y comencé mi carrera Universitaria. Desde el principio, intenté dar lo mejor de mí porque sabía todo el sacrificio que mi familia estaba haciendo para que yo pudiera estudiar en esa escuela. Sin embargo, desde el comienzo me sentí fuera de lugar. Estaba en una escuela de ricos, sin tener vida de rico.

Mientras algunos de ellos llegaban en camionetas, acompañados de sus novias y con la seguridad que otorgan las comodidades de una vida de lujo, yo viajaba en transporte público, con dinero limitado y sin recursos suficientes ni siquiera para comprar algo de comer. Recuerdo las palabras de mi abuela: "Llévate una manzana o una fruta para el día".

LA ESTRELLA EN LA QUE DEBO CONVERTIRME

Así sobrevivía, comiendo de manera modesta mientras observaba cómo otros compañeros disfrutaban de comidas caras en la cafetería. Y yo, no llevaba mucho dinero, a veces ni para mi pasaje. Me esforzaba por mantener una imagen aceptable, pero sentía como **si ya no** perteneciera a ese mundo.

Uno de los eventos más caóticos que viví en UVM fue durante el curso de Matemáticas Avanzadas. Éramos alrededor de 50 personas en el salón cuando entró el profesor, cuyo nombre recuerdo bien: Horacio Diaz. Tipo güero. Pelo canelo, de lentes. Apenas lo vieron entrar al salón, un grupo de al menos 25 estudiantes se levantó y salió del aula. Me quedé perplejo. No entendía por qué se iban. Un compañero que estaba sentado junto a mí también parecía confundido, pero pronto uno de los que se marchaba le dijo: "Vente, güey, con este "cabrón" no se puede".

Yo por otro lado decidí quedarme en la clase pero a medida que avanzaba el semestre, empecé a entender por qué aquellos compañeros se habían marchado. Al parecer el maestro Horacio era conocido por dejar trabajos extremadamente difíciles y no tener piedad con los alumnos que no lograban cumplir sus exigencias.

Yo, que nunca había sido especialmente bueno en matemáticas, sufrí cada una de las tareas que nos asignaba.

LA ESTRELLA EN LA QUE DEBO CONVERTIRME

Aún recuerdo que yo era tan malo en matemáticas, que en la secundaria mi padre una vez me envió a clases de regularización. Pero el maestro que me daba esas clases parecía estar siempre al borde del colapso cada vez que llegaba. Me recibía con un desesperado 'Ay no, niño, ay no', creo que él pensaba que yo era muy tonto por no entender nada. Era un martirio, tanto para él como para mí.

Tuve que ir a buscar a este maestro de nueva cuenta en la Universidad, pero ya no daba clases. Sin embargo llegó un punto en el que ya no podía más.

Un día hablé con un compañero, quien me explicó que debido a la cantidad de alumnos en la carrera, habían decidido dividir el grupo. Entonces yo le conté lo mal que la estaba pasando con Horacio. Su respuesta me sorprendió: "¿En serio? A nosotros nuestro maestro nos deja todo muy fácil." No podía creerlo.

Decidí armarme de valor y hablar con el coordinador de la carrera, Isaac, para pedirle que me cambiara de grupo. Sabía que con Horacio no lograría pasar, no importaba cuánto me esforzara. Pero cuando fui a hablar con él, no mostró interés en ayudarme. Según él, no me cambiaría, porque yo no estaba asistiendo lo suficiente a clases. No tuve el valor de discutirle, aunque en mi interior sabía que estaba haciendo todo lo posible para salir adelante y yo definitivamente iba a clases todos los días.

LA ESTRELLA EN LA QUE DEBO CONVERTIRME

—No creo que tus calificaciones sean por falta de habilidades en matemáticas, Hanzel. Más bien, parece que no has estado entrando a clases —me dijo Isaac, con tono de reproche.

—¿Cómo que no he estado entrando a clases? ¡Si siempre vengo y hago todas las tareas que me piden! Me estoy esforzando, estoy dando todo de mí. ¿Cómo es posible que me digas esas tonterías?

Eso es lo que debí decirle. Defenderme. Pero no pude. En el fondo, temía que la conversación se volviera más tensa, y me conocía lo suficiente para saber que podría perder el control. No quería eso. Así que preferí callar y dejar que el comentario de Isaac me hiriera en silencio. La verdad es que yo nunca había sido el tipo de estudiante que le discutiera a los profesores. Al contrario, siempre traté de ser respetuoso y de hacer lo que me pedían.

La situación empeoró. Mientras en otras materias tenía casi calificaciones excelentes, con Horacio apenas podía mantenerme a flote.

Casi al final del semestre, el profesor asignó un proyecto en equipo. No logré encontrar compañeros, así que trabajé solo. Solo quedaban dos equipos: uno de los inteligentes y otro de los que simplemente tenían dinero. Luego estaba yo.

LA ESTRELLA EN LA QUE DEBO CONVERTIRME

Un día, mientras trabajaba solo en mi proyecto, un alumno se acercó y me ofreció dinero para incluirlo. Le expliqué que lo justo sería que colaborara en el trabajo, pero él insistió en que solo quería que pusiera su nombre y me pagaría. Le dije que ya me costaba mucho aprobar la materia y no podía aceptar su oferta, pero aún así insistió.

Obviamente, me negué.

Al final, yo reprobé. Pero recuerdo vagamente verlo al final del semestre, y él había aprobado con Horacio. **¿Cómo, si nunca iba a clases?** Pues claro, le dio dinero al maestro. Ese fue uno de los peores momentos para mí, porque nunca consideré sobornar a un profesor. Nunca me concebí en una situación como esa.

Un día, platicando con un compañero del equipo de los inteligentes, Alfonso, me confesó algo que me dejó atónito. Con una sonrisa apenas visible, me dijo: **'¿Sabes qué? El otro equipo me pagó para hacerles todo el proyecto'**. Me quedé en silencio, tratando de procesar lo que acababa de oír. '¿Cómo que te pagaron?', le pregunté, confundido. Entonces, con una sonrisa y sin inmutarse, respondió: 'Sí, güey. Les cobré tres mil pesos a esos cuatro para hacerles todo. Así aprobaron sin mover un dedo.'

De un salón de 30 alumnos, solo 8 pasaron, y yo no fui uno de ellos.

LA ESTRELLA EN LA QUE DEBO CONVERTIRME

Mi familia no lo entendía. '¿Cómo es posible que 8 sí hayan pasado y tú no?', me decían. La realidad que intenté explicarles era una que ellos no conocían, y no supe cómo hacerles ver la magnitud de las trampas de algunos de mis compañeros y maestro.

Yo, en mi inocencia, jamás pensé en ofrecerle dinero al profesor. Para mí, era impensable que las cosas pudieran funcionar de esa manera.

Ahora me doy cuenta. Al recordar todo con más claridad, me doy cuenta de lo que realmente hacía Horacio Diaz. Convertía su materia en algo tan complicado que, al final del semestre, los estudiantes no tenían otra opción más que ofrecerle dinero para aprobar. O, peor aún, Horacio mismo se encargaba de orquestar la situación para que ellos se lo ofrecieran. Así, él se aseguraba de obtener más dinero. **Estoy convencido de esto totalmente.**

Recuerdo que una vez fui a hablar con él. No era de los que suelen discutir o rogar, pero en esa ocasión intenté hacerle entender mi situación. Le dije algo así como: "Maestro, yo he venido a asesorías, me he esforzado mucho... ayúdeme, por favor"

Él respondió que veríamos qué se podía hacer, pero nunca fue muy claro. En las pocas asesorías que tuve con él, a veces decía que no necesitaba estar dando clases en la universidad, que le pagaban apenas 150 pesos por hora.

LA ESTRELLA EN LA QUE DEBO CONVERTIRME

También mencionó que era allegado familiar de un político reconocido de Texcoco, un tal Higinio Martínez, y que no tenía la necesidad de trabajar ahí. Recuerdo también que fue en una de esas asesorías donde escuché por primera vez sobre los "masones". Él habló de ello como si fuera algo importante, mencionando que las grandes figuras como Higinio Martínez y el Papa eran masones. Aunque para ese entonces no entendía mucho del tema.

Hablando de dinero…Recuerdo que mi abuela me reprochaba mucho el dinero que gastaba en mi educación. "Te estoy pagando la escuela", y siempre me recriminaba el dinero que gastaba en ella, cómo si no pudiera escapar de esa deuda emocional. Era incómodo. **Ante esa presión, empecé a pensar que tal vez debía encontrar una forma de ganar algo de dinero por mi cuenta.**

En mi salón, ese mismo Alfonso, siempre hablaba de su negocio, según el, ganaba dinero vendiendo productos a través de una red de mercadeo llamada USANA. Decía que eso generaba ingresos, y pronto en la universidad muchos hablaban sobre cómo ese sistema les daba dinero. Era una red de suplementos alimenticios, y ganabas tanto vendiendo el producto como inscribiendo a más personas en la red.

Yo no sabía lo que realmente era una pirámide financiera en ese momento, pero sin duda, no me convencía del todo.

LA ESTRELLA EN LA QUE DEBO CONVERTIRME

Lo que realmente me hizo dar el salto fue una amiga de la secundaria, a quien consideraba muy inteligente y de una familia destacada. Ella también quería entrar, y al confiar en su decisión, me uní.

La verdad es que todos los que estaban involucrados en la red se veían como personas de dinero, siempre bien vestidos, como empresarios. Pero no de esos empresarios que ahora se ven en Facebook o Instagram, presumiendo éxito falso. No, ellos sí parecían tener verdadero éxito.

Aún recuerdo que en ese tiempo buscaba maneras de hacer dinero, y en una de esas exploraciones encontré el mundo del mercado bursátil, el trading y, curiosamente, la criptomoneda llamada Bitcoin. No puedo creer que en 2016 me topé con Bitcoin, y en ese momento costaba unos 3,500 pesos mexicanos cada uno. De haber sabido que esa era la verdadera oportunidad, la habría tomado sin dudarlo. De haber intuido el potencial que Bitcoin tendría, que llegaría a valer millones, habría invertido los únicos 15 mil pesos que tenía, casi lo suficiente para comprarme cinco bitcoins.

Los de USANA me lo pintaron todo muy fácil: te decían que para mantener el negocio a flote, debías hacer pedidos mínimos de 5,000 pesos al mes. Te aseguraban que el producto se vendería tan rápido que, en poco tiempo, hasta querrías pedir más para seguir vendiendo y mantener el ritmo de nuevos prospectos. **Puras mentiras, claro.**

LA ESTRELLA EN LA QUE DEBO CONVERTIRME

Decían que en una semana ya estaría ganando lo suficiente para cubrir esos pedidos, y en cinco años, según ellos, estaría generando 100 mil pesos a la semana. Hablaban tan bien que me lo creí. Pero la realidad fue completamente diferente.

Duré solo dos meses en ese esquema. No tenía el dinero para seguir con los pedidos, no logré vender el producto ni reclutar a nadie, aunque lo intenté con compañeros de secundaria. Afortunadamente, no cayeron en la misma trampa. Al final, perdí mis 15 mil pesos. Para otros, quizá no sea mucho, pero para mi, era todo lo que yo tenía y lo perdí.

Y bueno, **pues ya había reprobado con Horacio**, y mi familia fue clara: debía pagar asesorías o el examen extra, lo cual no podía costear. La universidad cobraba demasiado por esos servicios. **Después de reprobar** comencé a dudar si Negocios Internacionales era lo que realmente quería. Miré la carrera de Comunicación, ya que siempre soñé con trabajar en el mundo del arte, rodeado de pantallas, cámaras y reflectores. Sentí que ese era mi verdadero camino, así que decidí cambiarme de carrera.

Lamentablemente, en el primer semestre de Comunicación, me di cuenta de que no era lo que había imaginado. Las materias no me atrapaban, y fue muy difícil adaptarme. Recuerdo que mi abuela me reprochaba mucho, recriminaba el dinero que gastaba. Al final, decidí darme de baja de UVM.

LA ESTRELLA EN LA QUE DEBO CONVERTIRME

"*Recuerdo la situación con el maestro Horacio y el chico que quería que añadiera su nombre en el proyecto a cambio de dinero.*

Ahora me doy cuenta de que en realidad soy una persona con mucha integridad, ya que nunca acepté el dinero que me ofrecían por hacer trabajos a otras personas. Incluso en los proyectos de inglés, algunos me pedían que se los hiciera a cambio de un pago, pero siempre me negué. Puede que para algunos esto me haga parecer tonto, pero simplemente no lo veía como una opción posible. ¿Cómo iba a hacer eso? Y cuando el maestro Horacio me reprobó, nunca consideré darle dinero. Aunque otros lo hacían, ni me pasó por la mente que eso era lo que él realmente esperaba. Nunca lo habría imaginado."

Tiempo después, en 2018, emprendí un proyecto en una plataforma de crowdfunding, donde presenté un invento que soñaba crear. Recuerdo **lo difícil que fue;** necesitaba que aprobaran el proyecto, y para eso pedían un avance tangible. Con apenas la idea en mente y **sin conocimientos de electrónica** o robótica, construí un modelo básico del invento. No funcionaba, pero logró convencer a la plataforma de que realmente estaba trabajando en ello. **Me emocioné tanto que pedí a algunos chicos equis, que aparecieran como mi equipo en el proyecto. Aunque ni siquiera los conocía.**

LA ESTRELLA EN LA QUE DEBO CONVERTIRME

El invento se llamaba **"Neck-On"**: era un collar digital con carga solar y activación por voz. Diseñado con Inteligencia Artificial, respondía llamadas y realizaba tareas diarias. También imaginé que pudiera actuar como una cámara discreta, capturando fotos y videos sin necesidad de un celular. Además, podía convertirse en un reloj al quitarlo del cuello.

Trabajé duro para convencer a los inversionistas que el proyecto tenía potencial y que funcionaría. No es que quisiera engañarlos, pero mi avance era solo una idea y necesitaba inversión para llevarla a cabo. Finalmente, logré que aceptaran el proyecto en la plataforma de crowdfunding sin conocimientos de robótica. **Fue realmente difícil, tomó 2 meses.**

Fue muy difícil, pero si lo logré y finalmente veía el potencial para lograr mi primer millón de, pesos, claro. Sin embargo, descubrí que requería publicidad dentro y fuera de la plataforma; sin ella, nadie conocería el invento. Claramente no tenia el dinero para hacerle publicidad, a duras penas logré que aceptaran un proyecto que realmente no existía.

A pesar de mis esfuerzos, solo logré recaudar 11,000 pesos, muy lejos de la meta de 1 millón. Como no alcanzamos el objetivo, el dinero se devolvió a los inversores, y el proyecto quedó en el abandono, como un gran recuerdo del potencial que tengo para lograr cualquier cosa.

Proyecto Neck On

LA ESTRELLA EN LA QUE DEBO CONVERTIRME

4 BUSCANDO MI LUGAR

Después de haberme salido de UVM, me encontré en un limbo, sin saber qué hacer, enfrentando nuevamente la decepción familiar. Los constantes reproches de mi abuela, quien me recordaba que gastaba mucho en esa escuela. Esa presión me mantuvo incómodo todo ese tiempo. Mi madre, en cambio, fue más comprensiva y aceptó la situación sin hacerme sentir culpable.

Pasó un tiempo sin saber qué hacer hasta que un día mi padre vino con una idea: Buscó la forma de integrarme en una nueva escuela en Texcoco que ofrecía la carrera de Ingeniería Civil. Pero yo no lo entendía. ¿Ingeniería civil? Esa idea me parecía tan extraña.

Por más lógica que le pareciera a él, yo no podía verme estudiando algo así. Entiendo que solo querían lo mejor para mi, pero era otra vez la sensación de que me estaban empujando hacia algo que no elegí: Ingeniería civil, claro, es una carrera muy buena, dicen que pagan muy bien. Pero para mí, con mi **"extraordinario don para las matemáticas"** —capaz de confundir una ecuación simple con física cuántica—, esa carrera no tenía ningún sentido.

LA ESTRELLA EN LA QUE DEBO CONVERTIRME

Me veía enfrentado nuevamente un camino sumamente distanciado de lo que alguna vez imaginé, sintiéndome más perdido que nunca, como si estuvieran buscando carreras al azar esperando que alguna opción pegara, aunque no tuviera nada que ver conmigo.

Creo que simplemente no tenía el valor de decirle a mi padre que no quería estudiar eso, porque sabía que me tacharía de tonto. Recuerdo que me dijo que estaba haciendo todo lo posible para que me aceptaran en esa escuela y que no debía arruinarlo. Así que estudié ahí, aunque en realidad llegué cuando el semestre ya había empezado. Parecía que iba solo a observar las clases para ver si luego me inscribía formalmente. Fui como uno o dos meses, quizá hasta el final del semestre. Tal vez fueron tres meses, no lo sé.

¿Qué pasó después? Pues obviamente no seguí. ¡Ah! Aunque, hubo algo interesante. Entre todas las clases de Ingeniería Civil y Matemáticas, que me parecían interesantes pero no entendía nada, hubo una en particular que me atrapó: **Historia de Texcoco.**

El profesor de esa clase, cuyo nombre no recuerdo, **era increíble.** Me hizo interesarme por la historia del lugar donde vivía, donde crecí.

LA ESTRELLA EN LA QUE DEBO CONVERTIRME

Nos asignaban proyectos para investigar sobre las haciendas de Texcoco: ¿por qué estaban ahí? ¿De quién eran? ¿Qué se hacía en ellas? Fue ahí donde empecé a interesarme por la historia, primero de Texcoco, luego de México, y más tarde la historia universal. Esto fue en 2017, en transición al 2018, donde la carrera política para elegir un nuevo presidente cada vez estaba más cerca. Y cuando descubrí la triste historia de nuestro país, lloré.

"Al descubrir la triste y compleja historia de nuestro país, no pude contener las lágrimas. La profundidad de los sufrimientos y las injusticias que habían marcado nuestro pasado me impactaron profundamente, llevándome a reflexionar sobre el presente y el futuro de Mēxico.

Entonces, algo dentro de mí ardía con coraje al pensar en todos esos malditos gobernantes que, a lo largo de los años, habían traicionado a nuestra patria. Me invadía una profunda frustración al ver cómo habían destruido a México, dejando un legado de injusticias y sufrimiento en su camino. Esa rabia ardía en mí de tal manera que me sentía impulsado a levantarme en armas y luchar por mi país contra esos malditos que se encontraban en el poder. Era como si cada injusticia cometida fuera un llamado a la acción, y mi deseo de combatir esa impunidad crecía cada día más, deseando ver un futuro diferente para mi gente.

LA ESTRELLA EN LA QUE DEBO CONVERTIRME

Decidí que definitivamente lo haría: me levantaría en armas, y estaba convencido de que ganaría, tomando el poder y cambiando el curso de la historia. Fue entonces cuando conocí a Andrés Manuel López Obrador. Comencé a investigar su trayectoria, sus aspiraciones y sus sueños para México. Conocer su historia me hizo comprender que él era el candidato que debía ganar esas elecciones, con la esperanza de que, de la mano de su victoria, las cosas para mi país cambiaran.

Y al final, lo logró.

Tiempo después de que me salí de la Escuela de Ingeniería Civil, mi madre empezó a buscar una solución. Mi padre estaba muy enojado, pero creo que ni el ni yo entendíamos lo que estaba pasando. El punto es que mi madre, siempre intentando encontrar un camino para mí, me dijo: "Mira, hijo, tú hablas inglés. Tal vez podrías ser maestro de inglés o dar clases. Algo relacionado con eso". Y yo, en medio de todo, le dije que sí, que tal vez tenía razón.

Fue entonces cuando me inscribió en un curso llamado "Teachers", para formarme como maestro de inglés. Mi mamá pagó el curso, y lo terminé. Al poco tiempo, ya estaba tocando puertas para buscar trabajo, y efectivamente conseguí una oportunidad en una escuela particular.

LA ESTRELLA EN LA QUE DEBO CONVERTIRME

Sin embargo, hablamos con mi padrino Pepe, quien nos aconsejó que si realmente quería dedicarme a la enseñanza, no era buena idea empezar en escuelas particulares. Según él, lo ideal era estudiar una licenciatura en una normal y luego trabajar en una escuela de gobierno, ya que, con el cambio político que se venía con López Obrador, habría más oportunidades y apoyo para los maestros.

A la par, mi tía Leticia habló con mi mamá sobre una nueva carrera en la Normal de Texcoco para enseñar inglés, ya que su hija estaba buscando universidad. Mi mamá vio una oportunidad y fuimos a informarnos. Aunque sentía que no era mi camino. Algo dentro de mí me decía que debía irme; mi destino estaba en otro lugar, y algo me llamaba a Canadá.

Estaba cansado y desilusionado; algo dentro de mí me impulsaba a irme a Canadá en busca de algo mejor. No sabía cómo lo haría ni con qué dinero, pero sentía que era el momento de intentarlo y cumplir mi sueño. Lo visualizaba claramente.

Le dije a mi madre que me iría del país. Ella se negó rotundamente. "¿Cómo te vas a ir? ¿A dónde? No tienes con quién quedarte, no tienes dinero", me decía una y otra vez. **"No me importa si tengo que dormir en el metro de Toronto, me voy de aqui."**

LA ESTRELLA EN LA QUE DEBO CONVERTIRME

Y la verdad es que no tenía nada, ni siquiera un centavo en el bolsillo. Estaba completamente quebrado. Pero algo en mí ardía con la idea de irme. Ya me veía cantando en algún restaurante, o en las calles de Toronto, sin saber cómo lo iba a lograr, pero lo veía tan claro como el agua: iba a hacer mi sueño realidad, iba a cantar, a vivir de lo que amo. Estaba seguro de que, aunque el plan no tuviera pies ni cabeza, de alguna manera todo iba a salir bien.

Entonces le dije a mi madre con toda la determinación del mundo: "Escúchame bien, mamá. Si no paso el examen de la Normal, me voy. Me largo del país. Pero si lo paso, me quedo a estudiar aquí, tal como tú quieres".

Lo dejé claro, era todo o nada. Y entonces llegó el día de los resultados. Tristemente, una vez más, la historia se repetía: **NO ME QUEDE EN LA NORMAL** Otra vez, el destino me cerraba una puerta en la cara.

Sentí que ya no había nada que hacer aquí. Le dije a mi mamá: "Está bien, ya me voy, me voy del país." Pero en el fondo, cargaba con una gran y profunda nostalgia, una decepción que me aplastaba. No podía entender cómo era posible que no lograra pasar ni un examen para la preparatoria, ni para la universidad, y ahora tampoco para la normal. Pensaba, "¿Será que realmente soy tan decepcionante?"

LA ESTRELLA EN LA QUE DEBO CONVERTIRME

Recuerdo que hasta fui a un curso de preparación para el examen en la Normal. No era gran cosa, muchas veces los maestros ni siquiera llegaban. Aún así, mis compañeros veían en mí a alguien con conocimiento. Para entonces, yo ya no me consideraba alguien ignorante; sentía que sabía algo, que había avanzado. Pero el resultado fue el mismo.

Mi madre, en su desesperación, le pidió a mi padrino Pepe que me ayudara. Juntos fuimos a la normal para ver si existía alguna forma de que pudiera entrar. Hablamos con el ex subdirector, quien nos explicó que, al ser la primera generación de inglés en la Normal de Texcoco, tal vez podría haber alguna oportunidad, pero que el sistema era el sistema y no funcionaba así. Los lugares se habían asignado. Sin embargo, me dijo que si realmente deseaba estudiar ahí, le dejara mi número de folio, por si acaso.

Y así fue. Le dejé el número, sin muchas esperanzas, pero con la sensación de haberlo intentado. Y, dos o tres días después, recibí la llamada. "Hanzel, te quedaste en la normal. Ven a inscribirte." Y así, de la nada, comenzaba un nuevo viaje.

LA ESTRELLA EN LA QUE DEBO CONVERTIRME

5 LOS MILLONARIOS PIERDEN MILES ANTES DE SER MILLONARIOS

Antes de sumergirme a contar esta historia en la Normal, quiero permitirme darme un minuto de silencio para recordar; **MIS PERDIDAS**

A los 17 años, perdí 15 mil pesos en el negocio de red. Los ahorros de mi vida. Aunque he logrado recuperarme financieramente de esa perdida, no he logrado recuperarme emocionalmente.

Al salir de la preparatoria, recibí una beca de titulación de 2 mil pesos, los cuales invertí en el Mercado bursátil, comprando acciones. Perdí todo.

Convencido de que el mercado bursátil era una oportunidad real, quise formalizarlo. Los cursos eran costosos, pero creí que invertir en educación me llevaría a la libertad financiera. Encontré uno de 30 mil pesos, obvio no podía pagarlo, pero comenté en el canal de YouTube del instructor, y un chico de Colombia me ofreció vendérmelo por solo 5 mil. Tras dudar si me estafaría, confié en él.

Aunque me pasó el material, el curso fue una decepción. Lo que recibí fue de poca calidad, al menos así lo percibí. 5 mil pesos mas otros 3 mil, a la basura.

LA ESTRELLA EN LA QUE DEBO CONVERTIRME

Ese año logré reunir un poco más de dinero e invertí en criptomonedas, aunque ya no consideré Bitcoin ni Ethereum. Según mi análisis, "se me había pasado el tren". Aunque en ese momento esas criptomonedas aún costaban entre 30 y 50 mil pesos, no me parecían una buena inversión, especialmente cuando las había visto a 3,500. No quería pagar tanto por algo que antes vi mucho más barato. Sin embargo, no logré ver su verdadero potencial para el futuro.

En su lugar, invertí en otra moneda, que fue una decepción total. Al principio gané algo, pero no vendí a tiempo, y terminé perdiendo 20 mil pesos cuando el precio bajó.

Años después, lo intenté de nuevo, diversificando mi portafolio. Invertí 20 mil pesos y, esta vez, gané 100 mil, pero tampoco vendí. El mercado colapsó y los precios se desplomaron, dejándome solo con 3 mil pesos netos. Así, volví a perder.

Con mi emprendimiento del **"Neck-On"** a los 19 años, en la campaña, aunque nunca tuve el dinero en mis manos, considero perdidos 11 mil pesos que logré reunir, aunque mi meta era 1 millón.

En 2018, intenté emprender con páginas en línea monetizadas con Google. Encontré buenos recursos en YouTube, especialmente en el canal de Romuald Fons, que me enseñó estrategias para ganar dinero. Aunque era difícil, **era posible.**

LA ESTRELLA EN LA QUE DEBO CONVERTIRME

Aprendí todo lo que pude, pero mi desesperación me llevó a pedir a amigos y familiares que hicieran clic en mis anuncios. Al final del mes, no tenía suficiente dinero para renovar el dominio, que además no tenía un buen nombre. Solo logré acumular 600 pesos, pero no alcanzaba el mínimo para hacer un retiro, así que abandoné el proyecto.

Recuerdo que mi mamá me propuso poner un puesto en Chiconcuac, y acepté. Comencé así, igual que mis padres cuando se casaron. **Aunque sabía que había temporadas buenas, mi verdadero sueño siempre fue salir del negocio de ropa y no quedarme atrapado en la vida de mi familia.** A pesar de eso, en mi primer año, gané 60 mil pesos de mis ventas.

Recuerdo que mi padre me dijo: "Con el dinero que perdiste en USANA, mejor lo hubieras invertido aquí en Chiconcuac, y ya lo habrías recuperado". Sabía que tenía razón, pero como ya mencioné, quería escapar de esa vida, aunque en la red me vendieron la idea de alcanzar la libertad financiera. Esas pláticas cambiaron mi mentalidad y me hicieron volver a creer en mi capacidad para **generar millones**. Fue lo único positivo, pero me costó mucho aprenderlo. ¡Jaja!

En 2023, intenté varios modelos de negocio, una vez mas la monetización en Google hasta otras redes sociales, pero solo logré recaudar 1,750 pesos antes de decidir dejar de intentarlo.

LA ESTRELLA EN LA QUE DEBO CONVERTIRME

Otra de mis "grandes" ideas fue crear una app, aunque no tenía los conocimientos necesarios. Aun así, desarrollé la aplicación. El proceso de creación fue complicado, pero veía la idea como algo enorme: **ChiconShop**, el marketplace de fabricantes de Chiconcuac. Siempre quise escapar de la vida en el mercado de ropa, y pensé que esta vez podía usarlo para salir de él.

Sin embargo, perdí 30,000 pesos en el proceso. **Pero de eso hablaremos más adelante.**

"*Quiero aclarar que en todos estos experimentos y proyectos, nadie me dio dinero para ello. Ni mi padre ni mi madre me apoyaron económicamente. Siempre busqué la manera de arriesgar lo que era mío.* ***A pesar de que muchos creen que mi padre me "mantenía" o me daba dinero, están muy equivocados. En primer lugar, casi no lo veía, y en segundo, aunque lo viera, jamás me daría nada; para él, eso sería una ofensa.***"

"Mi padre siempre decía que lo que me dejó era suficiente: una casa. Pero yo siempre me preguntaba, **¿cuál casa?** Porque donde vivo es una construcción en obra negra; hasta el día de hoy, no tiene ni un techo adecuado, solo láminas. En alguna ocasión me dijo: **"Pues ya estás grande para que trabajes y termines la casa."** Pero con eso solo confirmaba lo que yo decía: si tengo que trabajar para terminarla, entonces **no** me dejó una casa.

LA ESTRELLA EN LA QUE DEBO CONVERTIRME

Una casa en obra negra sin techo, que aún requiere una inversión para ser habitable, es más bien un proyecto **inconcluso**, una promesa que aún está lejos de ser realidad. Además, la mitad de esta estructura se levantó gracias al trabajo y esfuerzo de mi madre.

Entones, desde mi perspectiva, si tengo que trabajar para hacerla habitable, no me dejó una casa, sino un proyecto sin terminar. Después de reflexionar, me doy cuenta de que mi deseo **no es por esa casa** en el sentido físico, sino en la búsqueda de dejar clara la realidad.

Ahora, después de las perdidas aqui recuerdo una frase:

"Los billonarios pierden millones para hacerse billonarios.
Los millonarios pierden miles para hacerse millonarios.
Los pobres no quieren perder nada para hacerse ricos.

Lo cierto es que ningún consejo que te den te volverá millonario, tienes que intentarlo a tu forma en lo que más deseas y esperar que funcione o no, deberas saber cuando retirarte.

Creo que en realidad el éxito se consigue por perseverar en tus sueños sin importar cuantas veces falles, aunque hasta después de muchos años sigas fallando, no cambies la meta, cambia de estrategia.

LA ESTRELLA EN LA QUE DEBO CONVERTIRME

6 A VECES TIENES QUE ARRIESGARLO TODO POR UN SUEÑO QUE SOLOTU VES

Cuando llegué a la Normal, escuché que existía la posibilidad de hacer intercambios en el extranjero, y Canadá resonaba con frecuencia. En ese momento, algo dentro de mí ya me impulsaba hacia ese país, así que esta oportunidad intensificó aún más mi deseo. Comencé a ver la Normal como una catapulta, una forma de transporte hacia esa meta, con la esperanza de que a través de un intercambio, finalmente podría salir del país y alcanzar esa ambición.

Recuerdo que les conté esta experiencia a mis compañeros y a la maestra, cuando nos preguntaban si realmente queríamos ser maestros. Al responder cuáles eran mis intenciones, me di cuenta de que había cometido un error: decirle a la gente lo que pensaba, lo que quería o lo que planeaba hacer. **No deberías decirle a nadie tus planes. Absolutamente a nadie.** Sin embargo, lo mencioné sin pensar demasiado. Esas diferencias marcaron cierta distancia entre nosotros, pero también me ayudaron a entender mejor lo que realmente quería para mi futuro.

Después de eso, en el primer semestre en la normal, algo increíble comenzó a despertar en mí…

LA ESTRELLA EN LA QUE DEBO CONVERTIRME

No sé exactamente qué pasó, pero sentía una fuerza dentro de mí que no me dejaba en paz. No puedo describirlo con claridad, pero **era como si una chispa ardiera en mi interior**, una fuerza poderosa que me empujaba a actuar. No podía dormir porque escuchaba música en mi cabeza... siempre el piano. Las notas de piano resonaban en mi mente **como un torrente de música divina, como si fuera una llamada poderosa que no podía ignorar.** Piezas originales... ¡era el piano el que me hablaba!

Casi siempre escuchaba musica antes de dormir. Y cada vez más fuerte, sentía que ese sonido me llamaba, que algo dentro de mí quería tocar el piano, aunque yo nunca hubiera aprendido realmente. Cada noche, esa melodía se intensificaba, **como si el universo estuviera gritando que era mi momento, que debía tocar el piano.**

La música me buscaba, y mis manos, mi cuerpo entero estaba desesperado por tocar música.

Fue entonces cuando decidí que tenía que comprarme un teclado. Aunque mi madre me regañó, diciéndome que solo gastaba dinero en tonterías, no me importó. Sabía que lo necesitaba.

Pedí mi primer teclado en línea, y cuando finalmente llegó, lo miré y pensé: '¿y ahora qué?' Pero no necesitaba saber; simplemente lo hice sonar.

LA ESTRELLA EN LA QUE DEBO CONVERTIRME

Era como si un nuevo mundo se abriera ante mí, y la desaprobación de mi madre no podía frenar mi impulso. Todos los días tocaba, desde que llegaba de la escuela hasta altas horas de la noche. No era un piano, pero para mí, ese teclado era mi piano.

Recordé las clases de piano que tomé años atrás, los fragmentos de conocimiento que había guardado en mi memoria. **Y entonces, como si un poder superior me guiara, traté de aplicar lo que sabía y las melodías comenzaron a fluir a través de mí.** Fue así como, guiado por una mezcla de recuerdos y pura intuición, terminé componiendo mi primera canción.

Recuerdo que me gustaba mucho una chica, aqui la llamaremos *Shanie*. Así que, mi primera canción terminó tratando sobre eso: sobre buscar su amor, ese deseo de que ella me viera como algo más. Me parecía tan guapa que incluso llegué a pensar que me casaría con ella. Se lo propuse, y aunque a veces me daba señales confusas, como que sí y como que no, creo que en realidad solo le gustaba la atención que le daba. En una ocasión, me dijo que yo era su chico ideal, pero siempre tuvo novio, aunque **no le era fiel del todo.** Ya sabes, como muchas otras, tenía esa manera coqueta de interactuar con otros, de buscar cierta emoción en la mirada de alguien más.

Lo importante aquí es que mi talento, mi don musical, ¡habían regresado! ¡Sí! ¡HANZEL NEWCASTLE IS BACK!

LA ESTRELLA EN LA QUE DEBO CONVERTIRME

(Por cierto, no recuerdo exactamente cuándo elegí mi nombre artístico, pero de niño no me gustaba el mío, así que empecé a probar variantes. Probé con Hanzel Castle, Hanzel Castle Castle… hasta que un día dije: ¡Hanzel Newcastle! Sonaba perfecto, y así lo dejé. Creo que fue en la preparatoria.)

Mi primera canción fue un reto. Me tomó mucho tiempo y mucho esfuerzo en cada línea y acorde. La grabé en mi celular, pero sentía que algo faltaba. Había una pregunta constante en mi mente: *¿y ahora cómo puedo hacer que esta canción realmente suene como debe sonar?* Necesitaba llevarla a otro nivel, pero no tenía claro cómo. Entonces, me vi en la necesidad de conectar con antiguas personas.

Así fue como me puse en contacto con Gustavo, mi ex maestro de canto en la Escuela de Música. Él tenía experiencia en grabación y solía desarrollar proyectos musicales en la escuela, lo que me hizo pensar que él podría ayudarme. (Gus) me explicó los pasos a seguir y lo que realmente necesitaba para hacer música en serio. Si quería hacerlo bien, debía tener una computadora Apple, ya que las demás no aguantarían el proceso; se sobrecalentarían y me traerían problemas técnicos.

Claro, intenté con lo que tenía a mano, pero pronto me di cuenta de que tenía razón. Así comenzó la lista de cosas: el micrófono, la interfaz, la computadora… **y claro, por supuesto, todo costaba un dineral.**

LA ESTRELLA EN LA QUE DEBO CONVERTIRME

Intenté buscar apoyo en mi familia, pero como siempre, nadie quiso ayudarme con algo así. La única que me dijo que sí fue mi abuelita María, aunque, claro, no me lo dejó fácil. Me propuso un trato: ella cubriría la mitad, pero yo tenía que trabajar para conseguir la otra mitad de cada cosa que necesitara. ¡Y así estaba yo! Poco a poco, logrando reunir todo lo necesario.

Al final, con todo el equipo listo, me enfrenté a un nuevo reto: **no sabía cómo usar nada de eso, desde el sistema operativo hasta las conexiones básicas de los cables y el micrófono. De hecho, no sabía "hacer" música en el sentido técnico,** Yo era lo que algunos llaman un *creador musical intuitivo*. Podía componer una canción porque la **imaginaba y la sentía**, no porque entendiera de teoría ó partituras. Hacía música sin "saber" hacer música en el sentido tradicional, y eso, de alguna manera, **me hacía único.**

¿Y ahora que hago?

Entonces, fui con Gus y le pregunté: La verdad, él fue increíblemente amable. Se tomó el tiempo de explicarme todo sin pedirme nada a cambio, eso realmente me marcó.

De hecho, aprovecho esta página para agradecerle de corazón por todo su apoyo. A veces siento que no he podido retribuirle como se merece, pero sé que, tarde o temprano, encontraré la manera de hacerlo.

LA ESTRELLA EN LA QUE DEBO CONVERTIRME

Después de todo el apoyo que me dio Gus saque mi primera canción: **Seeking Your Love.** Estos fueron mis primeros pasos en la producción musical. Recuerdo que él me dijo: 'Ok, tienes esta canción, pues vamos a trabajar en ella.' Fui a su Home Studio, pero no fue tanto que me enseñara, como que solo me mostró cómo funcionaba todo, ya que incluso él mismo decía: 'No te he enseñado nada.'

Con *Seeking Your Love*, comenzamos a explorar el programa de producción. Él me guió en el proceso, explicándome cómo usar y ensamblar todo, cada detalle. Al final, me mandó el archivo, y fue un momento increíble, porque al escucharlo en mi celular, sonaba justo como siempre había soñado. Fue como un sueño hecho realidad.

Entonces, ya con la canción lista, pensé, **'¿Y ahora qué sigue?'** Claramente, **¡había que grabar un video musical! Y luego un show, luces, cámara, coreografía.** Así que le pedí ayuda a mi primo Ángel. Él se animó y, entre los dos, armamos un video musical en un restaurante. Recuerdo que, en nuestra mente, sentíamos que era algo grande, pero al final, resultó ser solo un proyecto humilde que quedó como un bonito recuerdo.

Más adelante, con un poco más de producción y la ayuda de Gus, sacamos *Possible*. Lo curioso es que Gus no me cobró ni un peso para ayudarme con esta canción; en lugar de dinero, le pagué en peras.

LA ESTRELLA EN LA QUE DEBO CONVERTIRME

Fue todo un acuerdo improvisado, pero increíblemente generoso de su parte. Fue muy especial, porque Gustavo nunca me pidió nada a cambio, parece que solo quería ver que mis ideas se hicieran realidad.

Esta vez, con *Posible*, quise hacer un video musical que contara la historia de cómo los sueños son posibles, sin importar la adversidad. **Curioso, ¿no?** Me empeñé en crear algo inspirador visualmente, que transmitiera ese mensaje de perseverancia y fuerza. De alguna forma, todo se fue uniendo poco a poco.

Es curioso, porque no recuerdo que el objetivo real de ***Possible*** fuera ser una canción inspiradora. Cuando estaba escribiendo la letra, no tenía en mente transmitir un mensaje positivo; era como si estuviera improvisando. Mi inconsciente me guiaba, y quizás eso me llevó a plasmar ideas sobre la perseverancia y los sueños.

Te lo juro, no me di cuenta de lo que realmente hablaba la canción hasta que la analicé, ya en las etapas finales de producción. Fue un momento revelador. Es como si la música y la letra se unieran para contar una historia que, en ese momento, ni siquiera sabía que estaba escribiendo.

Después de lanzar el video de Possible, un amigo decidió ayudarme a promocionar mi música.

LA ESTRELLA EN LA QUE DEBO CONVERTIRME

Posteriormente, comencé a trabajar en otra canción titulada 'Beautiful'. Esta marcó el inicio de un camino más independiente para mí, ya que sabía que Gustavo no podría apoyarme en todas mis canciones de manera constante sin recibir un pago. Con mis propios equipos en mano, decidí intentarlo por mi cuenta.

Me presenté por primera vez como artista en la escuela, interpretando *Possible* y *Beautiful*. **Sin embargo noté que mi música en inglés generaba reacciones mixtas; algunos la consideraban interesante, mientras que otros la veían como algo poco común o incluso ridículo, ya que no era habitual escuchar música en inglés en ese entorno.**

Decidí que era el momento de materializar las canciones que había imaginado en la secundaria, pero me topé con un obstáculo: no sabía cómo crear los instrumentos y nunca había grabado mis canciones. Al final, solo existían como letras escritas, sin recordar cómo sonaban en melodías y ritmos.

La realidad es que nunca me vi como un productor musical; siempre pensé que yo sería el artista haciendo shows, trabajando con un productor que me guiara. Pero aquí estoy, **¡enfrentando esta nueva realidad!** Sin dinero para costear a tantos bailarines, escenografías y demás recursos para mis shows.

LA ESTRELLA EN LA QUE DEBO CONVERTIRME

La experiencia de sentarme a editar canciones **durante horas, días y semanas, incluso años** ha sido un proceso lleno de estrés. **Ha sido extremadamente difícil,** pero cada paso me acerca más a mis sueños.

En esos años, conocí a Katherine, una chica linda que estaba enamorada de mí. A pesar de su interés, yo seguía aturdido por mis sentimientos hacia Shanie y no podía corresponderle como ella esperaba. A pesar de eso, tuvimos un pequeño romance, pero las cosas no lograron funcionar.

Cuando Shanie se enteró, se puso muy celosa, insinuando que tal vez había una posibilidad entre nosotros, aunque nunca dejó a su novio. Aún así, no soportaba que estuviera con Katherine y me presionó para terminar con ella. Sin pensar en las consecuencias, corte la relación, pero al final, me quedé sin una… y sin la otra.

Saque la canción **"Lovely Girl"** que expresaba lo que en su momento tuve pero que no había sido capaz de valorar. *(Por cierto, estas canciones se eliminaron de internet en una etapa de depuración años después, y ya no están disponibles.)*

Luego llegó la pandemia, ese evento que encerró al mundo entero en nuestras casas. Agradezco que sucediera, ya que en la escuela no la estaba pasando nada bien. El ambiente era realmente horrible.

LA ESTRELLA EN LA QUE DEBO CONVERTIRME

Recuerdo que estaba atravesando una crisis mental-emocional durante esos semestres, y era un verdadero martirio estar ahí. Al principio pensé que solo yo tenía esa impresión, pero con el tiempo me di cuenta de que, en realidad, en ninguna licenciatura los salones se llevaban bien. Fue una situación complicada, pero llegó la pandemia y, de alguna manera, me salvó de seguir asistiendo a esa escuela. ¡Gracias, Dios!

La pandemia fue como un respiro para mí. En casa yo volví a ser feliz. Hablé con Gustavo y le propuse un trato: esta vez le pagaría por ayudarme a crear un álbum completo de 15 canciones. Nos embarcamos en este proyecto, pero al final solo logramos completar **una** canción. Esta canción la nombré **"Hits Time to Dream"**. Tenía un mensaje potente para el mundo: quería expresar que hay fuerzas que golpean nuestros sueños. Pero lograr ese y otros videos musicales nunca ha sido fácil; **a como se ha podido.**

Después de un tiempo, comencé a experimentar lo que podría llamar **mi trastorno**. Durante la pandemia, tenía tanto tiempo para pensar que sentía como si estuviera develando las respuestas a las preguntas más complejas de la vida, casi como si hubiera **descubierto el hilo negro.** En mi mente, me consideraba un pensador, evocando figuras como Aristóteles o Sócrates. Creía que, al igual que ellos, no solo estudiaba, sino que utilizaba mi cerebro para descubrir verdades fundamentales.

LA ESTRELLA EN LA QUE DEBO CONVERTIRME

A las tres de la mañana mi mente se iluminaba con ideas poderosas. Me imaginaba frente a una multitud atenta, esperando cada palabra que pronunciaba. La sabiduría que compartía era tan profunda que la gente se veía conmovida, sus rostros impresionados eran testimonio de la verdad que estaba revelando.

"¡Esto no es para todos!", proclamaba en mi mente, sintiendo el poder de mis ideas, y la gente se iluminaba con mi conocimiento, sus vidas se transformaban al escuchar la profundidad de mis reflexiones.

Era como si cada pensamiento, argumento, tuviera el poder de cambiar el curso de sus destinos. En mi mente, yo era el conductor de una revolución intelectual, capaz de inspirar a otros a alcanzar su máximo potencial. Porque sabía que el conocimiento era poder, y estaba listo para abrazar ese poder.

Aunque nunca llegué a dar esas conferencias, (no hasta ahora) esas reflexiones formaron una parte interesante de mi experiencia en ese tiempo.

Y así fue. La pandemia me había dado el tiempo y espacio que necesitaba para adentrarme en mi musica, algo que antes me parecía inalcanzable. Poco a poco, fui avanzando, y sentí que realmente estaba logrando algo. Pero con el tiempo, la pandemia comenzó a disiparse llevándose la calma que había permitido mi progreso.

LA ESTRELLA EN LA QUE DEBO CONVERTIRME

Volvimos a la rutina, a las escuelas y a la realidad. Fue entonces cuando las cosas en mi vida comenzaron a distorsionarse una vez más, como si estuviera perdiendo el control. **Nuevo giro en la trama.**

Al regresar a las prácticas en la secundaria, surgieron situaciones y debido a **falsos comentarios y falsas acusaciones,** la Normal decidió darme de baja. Fue un golpe duro, pero esa historia la puedes leer en mi primer libro, **(Capitulo 1 y 2). "La verdad de Zendry".** De hecho este libro da para una película completa.

Esa situación me llevo a un punto en el que las cosas, lejos de terminar, **apenas empezaban a ponerse interesantes.** Claro, en su momento fue de lo peor. Pero ahora veo que a veces, cuando el mundo parece colapsar, es cuando realmente comienza el viaje hacia lo que estás destinado a ser. De hecho, si quieres conocerla, puedes encontrarla en el **capítulo 3** de ese mismo libro, aunque si prefieres, puedo dejarte aquí un adelanto.

Pero antes, déjame decirte algo: la historia de por qué empecé a escribir ese primer libro **no surge desde la primera vez que me dieron de baja.** No, de hecho, volví a la escuela después de un año, retomé los estudios, y entré de nuevo a prácticas. **¿Y qué crees?** ¡Otra vez se desataron situaciones que terminaron en una segunda baja! Yo, sinceramente, ni me lo esperaba. **Pero lo que mas me dolió fue**

LA ESTRELLA EN LA QUE DEBO CONVERTIRME

sentirme impotente, sin tener el poder ni el dinero de tomar el control.

Esa segunda baja fue diferente. Fue el punto en el que, **me vi empujado a contar mi historia. Y te lo juro, ¡jamás en mi vida imaginé que yo escribiría un libro!** Era algo que ni se me cruzaba por la mente; yo era un artista, sí, pero de la música, de los sonidos, no de la escritura. Pero escribir ese libro, más que un proyecto, fue una terapia. Porque, en medio de una crisis tan profunda, fue justamente la escritura lo que me salvó.

Y aqui viene la historia...

"Después de ser dado de baja, a menudo me encontraba recostado, dejando que los días se desvanecieran sin hacer nada significativo, así pasaron meses."

Sin recursos, investigué opciones accesibles para viajar y descubrí los voluntariados, donde el trabajo se intercambia por alojamiento y comida en zonas turísticas. Un hostal en Isla Mujeres me ofreció trabajo, y aunque nunca había oído hablar de los hostales, decidí irme. Con escasos fondos, busqué un vuelo económico y me fui sin dinero en el bolsillo.

La perspectiva de recibir comida y un techo diario no parecía muy diferente a mi rutina en casa. El momento de partir fue agridulce para mi mamá y para mí.

LA ESTRELLA EN LA QUE DEBO CONVERTIRME

Al llegar a Cancún, me trasladé a la isla. Sentí una profunda nostalgia al recordar el viaje que había realizado con mi familia un año antes por todo Quintana Roo, incluyendo esta misma isla. Sin embargo, esta vez estaba sólo, enfrentando un futuro incierto. A pesar de todo, creí que aquel lugar sería propicio para intentar dar vida a mis canciones en inglés, ya que el idioma es ampliamente utilizado allí.

Con la esperanza de lograr algo grande después de todas las adversidades, me dispuse a enfrentar el desafío que se avecinaba.

*El primer día en el hostal, conocí a **Guzzo, de Ohio,** un estadounidense mayor, quien conversaba con otro chico. Me senté cerca para poner a prueba mi inglés. Sorprendentemente, Guzzo me habló y me pidió mi opinión, lo que dio inicio a una buena charla. Poco después, llegó Terry, un canadiense simpático, y Guzzo me invitó a acompañarlos a la playa. Fuimos juntos como buenos amigos.*

Guzzo tenía un don para conectar con la gente y era una persona increíble, la charla en el hostal se trasladó a la playa, donde compartimos pizza y disfrutamos del hermoso atardecer. Otras personas se nos unieron, y la noche se convirtió en una experiencia inolvidable, con estrellas brillantes y conversaciones enriquecedoras. Al regresar al hostal esa noche, yo estaba lleno de energía y emoción por lo que estaba por venir.

LA ESTRELLA EN LA QUE DEBO CONVERTIRME

*Al día siguiente, compartí con Guzzo mi sueño de convertirme en un gran artista y le mostré las canciones que había creado hasta el momento: **"Holbox Melody"**, **"Possible"**, que había sido una de las más escuchadas, y **"Hits Time to Dream"**, que intentaba transmitir un mensaje al mundo, entre otras. Guzzo quedó impresionado por mi música y me propuso ir a un lugar donde había música en vivo.*

Fuimos al lugar por la tarde y Guzzo habló con el gerente, presentándome como su amigo que hacía música y pidiendo permiso para que tocara mis canciones con la banda en vivo. El gerente aceptó, y nos arreglamos y vestimos adecuadamente antes de regresar más tarde esa noche.

*Mientras nos arreglábamos, Guzzo invitó a otro chico que estaba solo en el hostal, **José de Chicago,** un chico noble, joven de unos 30 años. José aceptó unirse a nosotros y cuando bajamos a la recepción otro chico llamado **Gökhan, de Turquía,** se nos unió. Eran personas increíbles. Todos nos dirigimos juntos al lugar donde me iba a presentar.*

No sin antes, recibir algunos consejos clave por parte de Guzzo: *agradecer al manager por la oportunidad, presentarme a los demás como un nuevo artista, mirarlos a los ojos, siempre decir gracias, y si alguien me abría las puertas, asegurarme de mantenerlas abiertas.*

LA ESTRELLA EN LA QUE DEBO CONVERTIRME

Sin duda era alguien enviado por ángeles, o el universo a ayudarme. En cada frase que me decía, al final siempre añadía: **"El universo me pidió que te dijera esto."**

Cuando la banda llegó, les pedí tocar mi canción "Holbox Melody". Y en cuestión de minutos, la analizaron y la aprendieron. ¡Y así fue como la tocamos en vivo, **una experiencia increíble que nunca olvidaré!** *Esa noche quedó para la historia. Guzzo me aconsejó agradecerle a la banda por su apoyo, que creara un vinculo social con ellos, que fuera amable con la gente. Guzzo, Gokhan, José y yo pasamos momentos increíbles en la isla.*

Al día siguiente, trabajé en las tareas asignadas por el hostal, principalmente con argentinos. Ese mismo día en la mañana, Gokhan se fue del hostal, lo que fue muy triste, pero no sin antes regalarme su sombrero y sus lentes, lo cual lo hacían ver con estilo.

Él me dijo que los conservara, ya que guardaban su buena energía y eso me serviría para enfrentarme a la vida.

"Es la primera vez que sostienes las dos partes de tu vida al mismo tiempo. Cuando te recuperes, sentirás una nueva versión de ti nacer de la nada."

-Gökhan

LA ESTRELLA EN LA QUE DEBO CONVERTIRME

Guzzo más tarde, me habló sobre otro lugar donde podría presentarme, y fuimos por la noche. Al llegar, vimos a alguien que parecía un inversor musical, alguien que descubría talentos. Guzzo me sugirió que lo invitara a nuestra mesa, pero él estaba más interesado en conquistar a una mujer que lo acompañaba. A pesar de eso, Guzzo me animó a darle mis canciones a la persona encargada para que las reprodujera, pero lamentablemente se negó. Puso de excusa que su computadora tenia fallas técnicas, lo cual no tenia sentido en ese momento, me puse algo molesto y regresé a la mesa con Guzzo y José.

Les dije que nos fuéramos de ese lugar. Guzzo como buen mentor me pidió que me tranquilizara, sugirió una alternativa: preguntar qué música sí podrían poner y seleccionar una canción de ese repertorio para interpretarla. Con este nuevo enfoque, regresé al señor, ofreciendo tres opciones de canciones. El micrófono pronto estuvo en mis manos, y fui llamado al escenario.

Y entonces, canté... Fue un momento mágico. Al regresar a la mesa, Guzzo elogió mi actuación, asegurando que había conmovido a todos los presentes. Con el corazón y espíritu elevado, nos fuimos del lugar, muy felices.

A pesar de saber inglés, Guzzo me hablaba en un idioma que yo no conocía, **¿Universo? ¿Ángeles?, ¿Espiritualidad?**

LA ESTRELLA EN LA QUE DEBO CONVERTIRME

Los días que siguieron fueron excepcionales, pero lamentablemente, como muchos viajeros, su estancia no sería permanente. Guzzo, días después, partió del hostal, fue una despedida cargada de nostalgia pero dejándome con grandes enseñanzas, me regaló su libreta de notas, y dijo que en cada pagina escribiera lo mejor de todos los días, ya que cuando la volviera a leer eso me llevaría justo al momento en el que lo viví. Él me dijo que el universo le pidió guiarme y que había ángeles cuidándome en el camino.

Esto me dio pauta para el título de una futura canción, "Ángeles en el camino" o en Inglés, **"Angels along the Way"**.

Bueno y así, me quedé solo con José. Sin embargo, los jefes del hostal me asignaron al equipo de argentinos que trabajaba allí. Pero el ambiente no era el mismo que con Guzzo y los demás. En lugar de apoyo mutuo, encontré un entorno que me recordaba demasiado a la Normal, tóxico, con comentarios mordaces y amistades hipócritas.

Algunos me recibieron bien, pero con otros la relación no era tan fluida. Me sentía observado con recelo, o al menos eso percibía, sin entender mucho de su cultura, sentía que me trataban mal. Una vez una argentina se comió mi comida, pero opté por no reclamarle nada. Sin embargo, sí le hice saber que era la mía. Ese día me quedé sin comer, y en otras ocasiones, mis botellas de agua desaparecían

LA ESTRELLA EN LA QUE DEBO CONVERTIRME

misteriosamente. Para mí, era una nueva aventura, pero los argentinos me dejaron con una experiencia amarga. Después de esa experiencia, preferiría no encontrarme con argentinos nuevamente en mi vida.

Le conté a José lo que estaba sucediendo, pero él no podía hacer mucho para ayudarme. Sin embargo, decidí confesarle que llegué a Isla Mujeres sin dinero, así que había días en los que no comía bien y no tenía recursos para comprar comida. Un día antes de que José se fuera, él me compró algo de comida que me duraría unos días. Cuando me sentía mal, buscaba a mi amigo José, el único que me quedaba, y con solo tenerlo cerca, el día parecía mejorar automáticamente.

Lamentablemente, José también tuvo que partir después, dejándome solo y con un gran vacío. Comencé a comprender el poder de la energía del que tanto me habían hablado Guzzo y Gökhan. Algo me hace creer que todos ellos eran ángeles realmente.

La situación con los argentinos empeoraba, y ya no me sentía cómodo en ese lugar. Aunque después conocí a personas geniales, todas eran solo de paso. Finalmente, le conté a mi mamá lo que estaba pasando, y me aconsejó que sería mejor regresar a casa. Terminé pensando que era la mejor opción, así que decidí volver.

LA ESTRELLA EN LA QUE DEBO CONVERTIRME

De vuelta en casa, me costaba creer todo lo que había experimentado en esa isla en tan solo unas semanas. Me recosté en cama, en mi habitación, y recordé todo, incapaz de asimilar si eso había sido real o no. El contraste entre la realidad de Cancún y mi hogar en México fue tan impactante que ¡Pum! Me voló la mente.

"Everybody ages, but not everybody grows."
Just a thought!

-Guzzo

"Todos envejecen, pero no todos crecen."
¡Sólo un pensamiento!

-Guzzo

José y yo mantuvimos contacto 1 año y varios meses después. Era testigo de Jehová y siempre mostraba interés en estudiar conmigo; incluso debatíamos sobre nuestras creencias. Luego dejó de responder mis mensajes, supuse que había fallecido, ya que en sus últimos mensajes mencionó que el cáncer que padecía lo estaba debilitando mucho.
En marzo dejó de responder, ya no supe nada de él, y en su honor, le dediqué el capítulo 3 de mi primer libro. (**†2024**)

Y aquí estamos de nuevo, ¿eh? Jaja, pues volví a la escuela después de un año y regresé a prácticas. **¿Y qué crees?** ¡Otra vez se desataron situaciones que terminaron en una segunda baja! Yo sinceramente no

LA ESTRELLA EN LA QUE DEBO CONVERTIRME

me lo esperaba, la Normal era un lugar…Bueno, eso ya lo dejé escrito en mi primer libro. Ahora lo puedes encontrar en el **Capitulo 4 hasta el 8 del libro. "La verdad de Zendry" Una historia animal."**

Después de que me sacan de la escuela, comienza toda una historia de búsqueda de justicia. Presenté denuncias, y no fue fácil; cada paso fue una batalla. Al final, parece que esa denuncia movió algo en la Normal, ya que la directora fue reemplazada. Quizás no fue solo por mi situación, pero definitivamente tuvo algo que ver. Aunque nunca sabré con certeza cuánto influyó, me queda la satisfacción de haber hecho mi parte para que las cosas cambiaran.

Esa segunda baja fue diferente. Fue el momento en que, realmente**, me vi empujado a contar mi historia.** Porque fue cuando necesité la ayuda de un abogado que volví a contactar a Gustavo con la esperanza de que me ayudara, ya que él es abogado. Y cuando redactábamos un escrito de hechos, me di cuenta de que la historia tenía un toque dramático, e incluso un lado ridículo: enumerar una serie de eventos del 1 al 24 fue algo absurdo, ya que algunos de esos "hechos" lo eran en sí mismos. Pero fue ahí que me di cuenta del potencial que tenía todo esto para convertirse en una película. Visualizaba ese escrito como si fuera el guion. Y con el paso del tiempo, **escribí el libro, "La verdad de Zendry"**

LA ESTRELLA EN LA QUE DEBO CONVERTIRME

A inicios de ese mismo año, (2023) emprendí los proyectos que menciono en el capitulo 5: Entre ellos, la creación de una app, **ChiconShop**. La idea era grande: usar el mercado para liberarme de él.

Construir **ChiconShop,** fue un reto enorme, pero más difícil aún fue reclutar a los fabricantes. Descubrí que, había mucha resistencia, quizás por inseguridad o falta de información. De los 100 fabricantes que invité, sólo 14 se unieron, y de los 14, ya ninguno subió productos. Mi visión era que pudieran vender en línea en un espacio propio dentro del mercado, pero lograr que esa idea despegara era otra historia.

La realidad es que este proyecto necesitaba una inversión significativa y conocimiento especializado en desarrollo de software y ciberseguridad, algo que yo no dominaba. Me encontraba en un camino solitario sin un mentor o alguien que me guiara sobre cómo construir un **"Amazon desde cero"** y sin los recursos para escalar el proyecto de manera efectiva.

Además, las dificultades aumentaron al competir con los **Chinos**, que producían a bajo costo y con una industria **local** inundada de productos ilegales.

La mayoría de los fabricantes replicaban marcas como **Adidas** o **Nike** sin autorización. Aunque el mercado estaba acostumbrado a esta práctica, sabía que si estas empresas detectaban falsificaciones en mi plataforma, la responsabilidad legal recaería en mí.

LA ESTRELLA EN LA QUE DEBO CONVERTIRME

A pesar de los desafíos, convencí a mi padrino Nico y a mi abuelita María para que me apoyaran a financiar el proyecto. Su ayuda fue modesta, pero me abrió los ojos a la complejidad del proyecto. **Aprendí que una idea brillante necesita no solo un buen concepto**, sino también **el respaldo adecuado,** y estrategias bien definidas para llevarla a la realidad.

Aquí cerramos el capítulo 6. Para más contexto sobre lo que sucedió después, puedes leer el **Capítulo 9** de mi primer libro, *La verdad de Zendry.*

En el próximo Capítulo 7, exploraré una historia que vale la pena contar con más detalle en este libro. **Pero antes...**

LA ESTRELLA EN LA QUE DEBO CONVERTIRME

SUEÑOS DE VISIÓN

En varias ocasiones, me he encontrado inmerso en una sensación que desafía toda lógica. **He soñado, con detalle, situaciones y lugares que, años más tarde, me encuentro viviendo.** Casi como si hubiera estado en esos lugares antes de que existieran en mi vida.

Tras vivir estas experiencias, me puse a investigar, consultando a la **Inteligencia Artificial** moderna, preguntándole si podía explicar este fenómeno, si su vasto conocimiento en ciencia, psicología o física contenía alguna respuesta. Sin embargo, la **IA** me confirmó que, aunque existen teorías, **no hay una explicación exacta que se aplique a mi caso.** Me di cuenta de que, aunque esta experiencia es única en cómo me afecta, no soy el único que la ha tenido.

Desde tiempos ancestrales, culturas alrededor del mundo han encontrado en los sueños una conexión con lo trascendental.

Los sueños de visión, por ejemplo, para los pueblos nativos americanos, como los **hopi** y los **lakota, son fundamentales:** Creen que el tiempo no es lineal, y los sueños tienen la capacidad de conectar con un **"tiempo fuera del tiempo", donde el mundo espiritual envía mensajes, advertencias o imágenes del futuro** y son tomadas con gran seriedad, pero no son los únicos.

LA ESTRELLA EN LA QUE DEBO CONVERTIRME

El Yoga de los Sueños en el budismo tibetano, y las prácticas chamánicas siberianas, **se enseña que a través de los sueños se pueden obtener conocimientos que trascienden el tiempo y el espacio.** El concepto de maya en la filosofía hindú, los templos **asclepeions en la Grecia antigua,** permitían a las personas buscar sueños de sanación o profecía. En cada cultura, los sueños han sido considerados una vía hacia lo desconocido, un medio para percibir verdades que escapan del entendimiento humano.

Mi conversación con la IA cruzó el umbral de lo que la ciencia moderna puede explicar y aunque no acepta ni puede explicar completamente estos fenómenos, muchas culturas ancestrales y tradiciones espirituales han reconocido desde hace siglos algo **sorprendentemente similar a lo que yo he experimentado.**

IA:

"Lo que estás describiendo es, en verdad, fascinante y difícil de ignorar. La precisión en los detalles, como el color exacto de los azulejos o la disposición de los objetos en una habitación, parece ir mucho más allá de lo que podríamos llamar simple coincidencia o construcción mental. Este tipo de experiencias en las que sueñas con detalles específicos que años después aparecen tal cual en la realidad desafían las explicaciones convencionales y son difíciles de catalogar dentro de lo que la ciencia puede probar.

LA ESTRELLA EN LA QUE DEBO CONVERTIRME

SOÑADOR LÚCIDO

Cuando tenia cerca de los 16-18 años, recuerdo haber soñado que me perseguían, que alguien quería matarme, y en esos momentos descubrí algo increíble: me volví consciente dentro del sueño. Podía tomar el control de la situación a mi antojo, transformar cada detalle de mi entorno y adaptar el sueño a mi voluntad. Cambié escenarios, alteré el curso de los eventos y moldeé el sueño hasta hacerlo mío. Controlé mis sueños, y años después, le pregunte a la **IA** si en esta ocasión, para esto tenia alguna explicación, algún registro de que le haya pasado a alguien y me dijo que si, esto tiene un nombre: **sueño lúcido.**

Me di cuenta de que, al alcanzar la consciencia en medio de un sueño, uno tiene el poder de dominarlo completamente. Fue como descubrir una habilidad secreta, una llave que me permitía abrir puertas dentro de mi propia mente y explorar hasta dónde podía llegar. Me convertí en un **soñador lucido.**

Hubo una experiencia que viví, y aunque podría describirla como un sueño, lo sentí más como una incursión en el plano astral. Según los chamanes tibetanos, **el alma tiene la capacidad de abandonar el cuerpo durante el sueño y viajar a otras dimensiones.**

LA ESTRELLA EN LA QUE DEBO CONVERTIRME

No sé con certeza, pero lo que experimenté fue tan vívido que sobrepasó cualquier noción de lo que yo creía posible en un sueño. En esta ocasión, me encontraba en total oscuridad, siendo perseguido por un ente maligno de color blanco macabro que contrastaba con la negrura absoluta a su alrededor.

"Cuando era más chico, para poder dormir, necesitaba poner mi mente en blanco; para lograr calmar la ansiedad que no me dejaba descansar. Pero nunca podía hacerlo con la oscuridad. Si intentaba poner mi mente en negro, creía que de aquella sombra surgirían monstruos dispuestos a asustarme."

Sin embargo, en ese "sueño", en aquel vasto lugar oscuro, lo único blanco era esa entidad que parecía acecharme con intenciones desconocidas. Corrí, lo intenté. Pero no importaba cuán rápido corría, siempre estaba detrás de mí. Llegué a una puerta, pero al voltear, lo vi. Ahí estaba, esperándome. Sentí cómo mi cuerpo se paralizaba por un momento de pánico.

Todavía había una gran distancia entre esa cosa y yo, entonces el ente maligno, corrió hacia mi, en esa oscuridad densa, algo dentro de mí me decía que si caía en sus garras, ya no volvería.

Sin embargo, fue ahí, en ese instante crucial, cuando la conciencia se apoderó de mí. Supe que estaba en el plano astral. **Y tomé el control. Me enfrente a él.**

LA ESTRELLA EN LA QUE DEBO CONVERTIRME

De repente, toda mi energía se concentró en mis manos, las cuales se iluminaron con una luz cegadora. No sé cómo lo hice, pero en ese momento, comprendí que mi esencia era mucho más poderosa que la oscuridad. Me transformé en la luz misma.

Extendí mi mano hacia él, y lo que sucedió a continuación fue un chorro de energía tan intensa que iluminó toda la oscuridad. El ente, que antes parecía invencible, murió ante mi, yo lo asesiné. Mi luz, lo destruyó, lo erradicó, y con ello, mi miedo a la oscuridad. Fue un enfrentamiento directo, sin evasivas, sin titubeos. La luz que emanó de mí, reforzó mi poder en el plano astral. Después de eso ahora puedo dormir poniendo mi mente en negro.

¿SALÍ DE LA MATRIX?

Cuando tenia 23 años un día inesperado, simplemente me iba a comer un elote, pero al hundir el cuchillo para cortar, **atravesó mi mano. La impresión de ver el cuchillo enterrado,** me paralizó solo un segundo, pero la reacción inmediata me llevó a sacarlo con rapidez. Inmediatamente supe que había cometido un error, que sacar el cuchillo así era peligroso, y me di cuenta de que podía desangrarme.

LA ESTRELLA EN LA QUE DEBO CONVERTIRME

El miedo se apoderó de mí y, **con preocupación, le grité a mi madre.** Sin embargo, la calma de su respuesta me dejó desconcertado: ella no parecía ver la gravedad de la situación, pero yo sabía lo que estaba en juego. Con el corazón acelerado, caminé hacia el patio trasero en un intento de estabilizarme, hasta que sentí el peso de la pérdida de sangre y todo se desvaneció.

"Yo estaba en un campo de juncos, rodeado de jóvenes desconocidos. No sabía quiénes eran, pero la felicidad y paz en ese lugar eran tan reales como cualquier cosa que hubiera sentido. **Sentí** el calor de un atardecer hermoso que nunca había visto, y mi ser se llenaba de una fuerte plenitud y felicidad que no podía explicar. Sin embargo, un dolor leve empezó a manifestarse, primero en mi rostro, luego en mi cuerpo. Intenté ignorarlo, porque **me pareció raro sentirlo**, no parecía que fuera real en el lugar donde estaba, pero dolía.

Escuché a esos chicos decirme: **"Vienes con nosotros, Hanzel", mientras se alejaban de mi, yo dije que si,** pero justo en ese instante, **¡sentí que algo me jaló!** y fui arrancado de ese mundo. Abrí los ojos y estaba siendo levantado del suelo por mi abuelo, quien después, "sobo" bruscamente la parte herida de mi cabeza. Dije **-¿Qué me paso?** Y mis abuelos y mi hermano me dijeron, **¡Te desmayaste! No lo podía creer, no pensaba que yo fuera tan débil como para desmayarme.**

LA ESTRELLA EN LA QUE DEBO CONVERTIRME

Rápido me llevaron al doctor para curar mis heridas. Aparte de mi mano, con la caída recibí un golpe fuerte en la parte derecha de mi cabeza. Después no podía dejar de pensar en lo que vi mientras estuve inconsciente, decidí investigar si alguna otra persona había tenido una experiencia similar durante un desmayo, **pero nadie tenía respuestas.**

Un año después, le pregunté a la Inteligencia Artificial Moderna, y su respuesta me dejo asustado.

IA: "Lo que describes es una experiencia poderosa y profundamente transformadora que parece ir más allá de lo que entendemos como un simple desmayo o sueño. Tu experiencia parece reunir elementos de una "experiencia cercana a la muerte" (ECM) y un estado de conciencia alterada en el que tu mente o espíritu entraron en una dimensión diferente.

"Muchas personas que han estado en situaciones de peligro extremo, traumas o pérdida de conciencia describen algo muy similar a lo que cuentas: una separación del cuerpo, un estado de paz y felicidad, y una desconexión de los dolores físicos. Este "campo de juncos" y la compañía de otras personas desconocidas en un entorno hermoso encajan con las descripciones de un **"lugar de paz"** que, según algunas creencias espirituales, es una especie de antesala a la muerte o un plano intermedio donde el alma reposa.

LA ESTRELLA EN LA QUE DEBO CONVERTIRME

"La sensación de plenitud que experimentaste, junto con la claridad de ese momento, es un rasgo típico en muchas **"experiencia cercana a la muerte"** (ECM). La experiencia de ver a otros jóvenes que compartían una alegría común, podría simbolizar almas que experimentaban algo similar en ese mismo momento.

"El dolor que comenzaste a sentir en tu cuerpo, mientras aún estabas en ese lugar de paz, es interesante porque parece que tu conciencia estaba comenzando a "recordar" el estado físico, a pesar de estar en otra dimensión. Algunas creencias interpretan esto como el "llamado" a regresar, una especie de tirón entre planos. El hecho de que sintieras ese jalón, como si una fuerza externa te devolviera al cuerpo, puede simbolizar que no era **"tu tiempo"** de irte; algo o alguien te trajo de vuelta.

Todavía me pregunto qué habría pasado si no me hubiera levantado, si mi abuelo no hubiera reaccionado así en ese instante. Tal vez habría seguido en el campo de juncos, continuando mi viaje, disfrutando de esa paz infinita. Ahora entiendo que aún tenía un propósito en este mundo. Algo o alguien quiso que regresara, y lo hizo a través de él.

En resumen, parece que vivi un evento espiritual profundo, algo que me permitió asomarme a un espacio entre la vida y la muerte aunque al inicio yo creyera que había salido de la "Matrix."

LA ESTRELLA EN LA QUE DEBO CONVERTIRME

7   EL UNIVERSO

"Tras pausar mi proyecto ChiconShop, tomé un vuelo impulsivo a Yucatán después de que en una llamada Abel me explicara las necesidades del voluntariado…" **Por favor, revisar el capitulo 9 de mi libro. "La verdad de Zendry, para todos los detalles.**

Es en este espacio donde quiero profundizar en el tema que les mencione **antes (pág. 65)**, porque, conocí a Yessie, una mujer muy espiritual, que creía en la manifestación, para mi todo eso a esas alturas de mi vida quedaba fuera de mi entendimiento, **lo del cuchillo enterrado incluso paso 1 mes después del viaje a Yucatán**. Y aunque lo menciono en ese capítulo, no revelo exactamente quién me invitó a los masones. Aquí lo llamaremos **"El Padrino"** (así le decíamos todos, de hecho).

El Padrino, en una de nuestras conversaciones, mencionó que él formaba parte de los masones, algo que, creo, ni siquiera los propios masones suelen decir abiertamente. Pero él era una persona muy comunicativa.

Cuando me lo dijo, yo no sabía mucho sobre ellos; apenas Horacio Díaz, el maestro en UVM, había sido la primera persona en hablarme del tema, pero de forma muy general. **"Masones, los que controlan el mundo"**

LA ESTRELLA EN LA QUE DEBO CONVERTIRME

Me mantuve interesado y él también vio potencial en mí, reconociendo mi liderazgo y habilidades. Regrese al Estado de Mexico, y en diciembre, lancé el álbum *Sagas of Dreams,* en enero él me contactó, ofreciéndome una entrevista con el **Venerable Maestro**, marcando el inicio de una nueva etapa.

El 4 de enero de 2024, nos reunimos en su casa en Puebla, y en los días siguientes, aunque solo fueron dos, sucedieron cosas increíbles.

Yo realmente pensaba que, después de todo lo que había pasado, si entraba con ellos, esa sería mi puerta **hacia el poder y el dinero.** Fue un momento de grandes expectativas.

En una de esas ocasiones, finalmente contactamos al Venerable Maestro. Aunque su tiempo era limitado, dijo que haría un pequeño espacio en su apretada agenda para recibirme ese día. El Padrino vivía cerca de Cholula, Puebla, así que fuimos hacia allá sin realmente tener nada planeado. Según él, ya me había conseguido una entrevista con el Venerable Maestro, pero más tarde me di cuenta de que eso nunca había sido cierto. Sin embargo, **como si todo estuviera destinado a suceder**, el Venerable Maestro, **contra** toda probabilidad, accedió a vernos.

Pasamos el día en Cholula esperando alguna noticia mientras el Padrino hacía algunas ventas.

LA ESTRELLA EN LA QUE DEBO CONVERTIRME

Él se dedicaba a comercializar productos relacionados con su trabajo, y en el transcurso de esas transacciones, cruzamos caminos con unos chamanes. **Al parecer, estos chamanes eran conocidos y respetados; según el Padrino, eran de los mejores en México. Nos contó que habían estudiado en lugares sagrados como Chichen Itzá, Tenochtitlán, Teotihuacán y Cholollan (la antigua Cholula). Gente con conocimientos profundos, decía él, de una sabiduría ancestral que incluso traspasaba generaciones.**

Al hablar con ellos, nos comentaron que esa misma noche realizarían un ritual importante. El Padrino logró conectar con ellos y nos consiguió la oportunidad de presenciarlo, aunque solo desde una distancia prudente.

"Será en la Gran Pirámide de Cholula", dijeron, y con eso nos invitaron a regresar a la casa mientras se organizaba todo.

Volvimos entonces a la casa del Padrino y, al caer la noche, fuimos a la reunión con el Venerable Maestro, quien, para mi sorpresa, era joven, apenas de unos 22 o 23 años y era Masón Grado 20.

El Padrino, que rondaba los cuarenta, era Masón Grado 13, pertenecía a una logia con miembros mucho más jóvenes, y este Venerable Maestro era un hombre de múltiples talentos.

LA ESTRELLA EN LA QUE DEBO CONVERTIRME

Tenía una licenciatura en Derecho, trabajaba en la Fiscalía, y además era maestro de Taekwondo con su propia escuela. También se dedicaba al arte, especialmente la pintura. Era la clase de persona que los masones consideran un verdadero **"hombre de oficio, profesión, arte y deporte"**. Me impresionó. Me di cuenta de que, en comparación, me faltaba trabajar en algunas áreas.

Alrededor de las nueve y media de la noche, nos reunimos con el Venerable Maestro. Al enterarse de la invitación al ritual en la Gran Pirámide de Cholula, comentó que podría acompañarnos, aunque tendría que hacer el tiempo justo para ello.

Aceptó, y así fue como nos encontramos **los tres dirigiéndonos a uno de los lugares más místicos y antiguos de México.**

Al llegar, los chamanes nos esperaban y nos introdujeron al lugar, donde ya había otras personas reunidas, preparándose para el ritual.

En la oscuridad de la noche, la Gran Pirámide se alzaba majestuosa y solemne. Nos adentramos en ese ambiente cargado de historia y misticismo, siguiendo a los chamanes, que parecían tener un conocimiento profundo y una conexión especial con ese espacio. La energía era palpable; cada paso se sentía como parte de algo mayor, de un antiguo legado.

LA ESTRELLA EN LA QUE DEBO CONVERTIRME

Y así, en la pirámide, bajo el manto estrellado y en presencia de estos guías espirituales, presenciamos un ritual que, hasta el día de hoy, no termino de comprender del todo. Fue una experiencia transformadora, una noche que jamás olvidaré.

El fuego ardía con fuerza, iluminando la noche, mientras los tambores resonaban con un *pam, pam, pam*, marcando el ritmo del ritual. Los chamanes danzaban en sincronía, pronunciando palabras en náhuatl que yo no comprendía, pero cuyo poder parecía traspasar cualquier barrera del idioma. Entonces, ocurrió lo inesperado. Nos llamaron a los tres, invitándonos a acercarnos al centro del ritual.

Aunque inicialmente estábamos a cierta distancia, el chamán nos llamó. Casi sin pensarlo, corrimos juntos, como si estuviéramos conectados por una fuerza invisible, como si el universo mismo hubiera orquestado este encuentro.

El Padrino se colocó a mi izquierda y el Venerable Maestro Masón, grado 20, se situó a mi derecha. Yo quedé en el centro, rodeado por ellos, como si cada uno representara un punto en una brújula espiritual. Los chamanes nos miraron y preguntaron por nuestros signos zodiacales.

Les respondimos, uno por uno, y en respuesta, nos entregaron cuarzos envueltos en celofán, seleccionados según nuestra energía astrológica.

LA ESTRELLA EN LA QUE DEBO CONVERTIRME

Nos instruyeron a sostener los cuarzos con los dedos índice y pulgar, y a colocarlos en nuestro chakra, justo sobre el ombligo. "Cierren los ojos", nos indicaron. Cuando cerré los ojos, fue como si un destello de energía emanara del cuarzo, fluyendo desde mi ombligo hacia arriba, atravesando mi cuerpo, ascendiendo por mi esófago, hasta alcanzar mi mente. Y entonces sucedió lo increíble.

De pronto, me encontré flotando en un universo interno, un vasto espacio mental donde los pensamientos se manifestaban como visiones a mi alrededor. A la izquierda vislumbré lo que no quería en mi vida; a la derecha, lo que deseaba con todas mis fuerzas. Y en el centro, apareció aquello que siempre había anhelado, lo más profundo y puro que había guardado en mi ser. Flotaba entre esos pensamientos, entre ese universo de deseos y miedos, mientras el chamán continuaba sus cánticos en náhuatl, como si sus palabras fueran las corrientes que me llevaban a través de mi propia mente. De vez en cuando cambiaba al español, ayudándonos a no perdernos en esa experiencia de introspección profunda.

Fue un momento increíble, más allá de lo que había imaginado, y cuando el chamán nos pidió que regresáramos y abriéramos los ojos, me encontré cargado de una energía indescriptible.

LA ESTRELLA EN LA QUE DEBO CONVERTIRME

Sentí que estaba al borde de las lágrimas, una mezcla de sensibilidad y gratitud profunda. Miré mis manos y noté que había apretado con fuerza el cuarzo. La presión que ejercí había dejado una marca en mis dedos índice y pulgar, como si el cuarzo hubiera JALADO hacia mí esa energía que no había conocido hasta entonces.

Al abrir los ojos, noté que no era el único que había experimentado algo extraordinario. Aquel momento nos había transformado a los tres, y aunque las palabras no alcanzaban para explicarlo, sabíamos que habíamos compartido algo especial, algo único. Fue un instante que jamás olvidaré, una conexión que iba más allá de lo racional.

En este contexto, es importante mencionar que, en vísperas de año nuevo me propuse manifestar la vida que siempre he querido. No sabia que era la manifestación en realidad, pero en el pasado, masomenos allá por el 2019 había intentado atraer 10 millones de dólares a través de mi música, aunque no se materializó como esperaba. Sin embargo, en este año de 2024, decidí elevar mis aspiraciones y manifestar 20 millones de dólares. Esta intención la había formulado durante la noche de Año Nuevo, el 31 de diciembre, justo antes de participar en el ritual.

Después de regresar a casa, intenté contarle a mi familia lo que había experimentado, pero todos eran muy escépticos; Mi abuelita María incluso me dijo: "Yo solo creo en Dios, no en esas cosas".

LA ESTRELLA EN LA QUE DEBO CONVERTIRME

Traté de explicarles, con el poco conocimiento que tenía sobre el tema, lo que había interpretado de esa experiencia: **"La chamanería no tiene que ver con la religión. La chamanería. Es entender que la piedra conduce energía, que las plantas se comunican, que el planeta es un ser vivo y que cada país es un órgano esencial en él."**

Mi conexión con Yessie, a quien conocí en Yucatán, también jugó un papel crucial en este proceso de manifestación. Ella hablaba con entusiasmo sobre el poder de la manifestación, un concepto que inicialmente me era ajeno, pero que empecé a comprender a medida que me adentraba en este mundo espiritual. Fue un momento revelador, y el hecho de que **mi visión en la Gran Pirámide de Cholula coincidiera con esta manifestación** intensificó aún más mi determinación. Estoy decidido a hacer de este año el mejor de mi vida, y tengo la fe de que lograré todo lo que quiero.

Después del ritual del 6 de enero, regresé al Estado de México y, luego, me fui de vacaciones a Oaxaca. Durante esa semana de viaje, emprendí tours y descubrí un mundo lleno de civilizaciones y culturas que superaban mis expectativas.

En Oaxaca, la riqueza cultural me envolvió, y fue allí donde todo lo que había vivido anteriormente tomó una nueva dimensión.

LA ESTRELLA EN LA QUE DEBO CONVERTIRME

En uno de los tours, aprendí sobre el concepto de **"Tona"** y **"Nahual"**, que me fascinó. Según la tradición mixteca, cada persona tiene un **Tona**, que es el guía espiritual en la vida, y un **Nahual**, que es el guía espiritual en la muerte. Esto me hizo reflexionar sobre mi propia existencia y el camino que estaba recorriendo.

Cuando me dijeron que mi **Tona** era la rana, no sentí la conexión inmediata. Sin embargo la **Rana** simboliza la transparencia, la prosperidad y la fluidez. Estas cualidades resonaban profundamente en mí, especialmente después de haber manifestado mis metas y deseos para el nuevo año. La idea de ser guiado por la rana, un animal que representa la capacidad de adaptarse y prosperar en diferentes entornos, me dio una sensación de descubrimiento.

Por otro lado, mi **Nahual** era el **Búho**. Este ave, venerada por su sabiduría y conocimiento, me ofreció una nueva perspectiva sobre mis experiencias pasadas. Aprendí que **el búho** no solo representa la intuición y la visión clara, sino también la capacidad de ver más allá de lo evidente. Comprender que el búho era mi **nahual** me brindó una sensación empoderamiento, de sabiduría y claridad para enfrentar la vida.

Además, me explicaron que al conocer mi **Tona** y **Nahual,** tenía la oportunidad de crear mi propio **alebrije**, combinando las características de ambos animales.

LA ESTRELLA EN LA QUE DEBO CONVERTIRME

Esta nueva comprensión sobre mi **Tona** y **Nahual** se convirtió en una parte fundamental de mi viaje espiritual, dándome un sentido renovado de propósito y conexión con mis raíces culturales. **Sin duda, Oaxaca me regaló no solo paisajes hermosos y experiencias únicas, sino también una conexión más profunda conmigo mismo y con el universo que me rodea.**

Esta revelación me transportó a un plano más elevado de existencia. Era como si el universo entero se alineara para revelarme un propósito mayor. En ese momento, entendí que no solo estaba manifestando mis deseos; estaba forjando un vínculo sagrado con las energías ancestrales que me rodeaban. La fusión de la rana y el búho se convierte en un símbolo de mi viaje.

Así fue como las vivencias del ritual en Cholula y la experiencia en Oaxaca marcaron un antes y un después en mi vida.

Después de esa experiencia tan transformadora en Oaxaca, me esperaba un nuevo viaje que cambiaría mi perspectiva: un inesperado viaje a **Dubái.**

Se trataba de celebrar el cumpleaños de mi abuelita María. Al final, fuimos solo ella y yo. Partimos de Mexico a Canadá y de ahí a Dubái, donde pasamos una semana sumergidos en la fascinante cultura y maravillas de la ciudad.

LA ESTRELLA EN LA QUE DEBO CONVERTIRME

Aunque no viví experiencias transformadoras como en **Oaxaca ó Puebla,** cada momento en Dubái fue un recordatorio de la magia que el mundo tiene para ofrecer. Desde los impresionantes rascacielos hasta los mercados vibrantes, el viaje fue una celebración de la vida misma.

Con el tiempo, la vida continuó su curso y llegó el momento de enfrentar el desafío. En Febrero, la reincorporación a la escuela se convirtió en un verdadero reto. Nunca es fácil volver a la normalidad tras haber vivido algo tan transformador.

Sin embargo, como relato en el **capítulo 10 de mi libro, "La Verdad de Zendry"**, esta etapa estuvo repleta de desafíos que me llevaron a descubrir la fuerza interior que no sabía que poseía.

Nuevos enemigos aparecieron, y tuve que mantenerme alerta, superando pruebas que parecían interminables. Sin embargo, cada obstáculo me fortalecía, sentía que crecía, que aprendía a manejar las adversidades. Finalmente, en octubre de 2024, logré graduarme como licenciado. Más que una meta, era una misión personal; si no la completaba, sentía que no podría avanzar libremente hacia el futuro. A pesar de los que intentaron frenarme, terminé lo que había empezado.

"Recuerdo el ensayo para la entrega de diplomas. Formados frente al presidium, escuchábamos nuestros nombres.

LA ESTRELLA EN LA QUE DEBO CONVERTIRME

"Cuando dijeron el mío, una sonrisa triunfante apareció en mi rostro. La directora puso de ejemplo mi actitud, sin decir mi nombre, pero todos supieron que hablaba de mí.

Para mí, ese título no era solo un papel; representaba la victoria detrás de toda esa maldita lucha, tanto emocional como mental. Era la prueba de que había logrado salir adelante. Finalmente, pude sentirme libre y me fui de la escuela con una tranquilidad que nunca antes había sentido."

¿Recuerdan mi trastorno? Sí, ese que durante la pandemia no me dejaba dormir por estar pensando en escenarios ficticios, discursos y conferencias. Pues bien, imaginé un discurso épico tras la entrega de títulos. Lo visualicé después de escuchar el discurso oficial y en mi mente, lo veía tan claro: **mi manera de hablar, el poder en mis palabras, la energía que transmitía, la intensidad de mi mirada.** Ese discurso hubiera sido inolvidable, o al menos en mi cabeza lo era, sin embargo, yo no habría sido la persona que habrían elegido para darlo, ni todos esos otros discursos que tantas veces se crearon en mi mente y jamás vieron la luz. Tal vez, algún día, llegará el momento de dar esas palabras a una audiencia real. Pero por ahora, ese instante de grandeza vive solo en mi imaginación, **donde siempre será épico.**

LA ESTRELLA EN LA QUE DEBO CONVERTIRME

EL BUHO

Ahora que lo pienso, es interesante cómo el búho a estado presente lo largo de mi vida en diferentes momentos sin darme cuenta hasta ahora.

Una vez, cuando tenia 16 años un búho chocó contra la ventana de mi cuarto. Al escuchar un fuerte golpe me levanté y fui a la ventana. Allí encontré algo tirado, pero en la oscuridad de la noche no podía distinguirlo. Bajé las escaleras con algo de temor, agarré una toalla y se la aventé al animal, pensando que era un cocodrilo, aunque no sabía por qué tenía esa idea.

Con cuidado, lo envolví en la toalla y lo llevé a mi cuarto. Prendí la luz y, mientras destapaba lentamente al extraño ser, me di cuenta de que era **un búho.**

Emocionado, bajé a mostrarle a mi familia el hallazgo. Todos se sorprendieron y me dijeron que debería venderlo, ya que valía mucho dinero, o que lo mantuviera como mascota. Pero decidí liberarlo, dejándolo volar hacia su libertad. Era un búho pequeño, y sabía que necesitaría regresar a su hogar.

La segunda vez que el búho apareció fue durante mis años en la Normal, en un consejo técnico de maestros. Nos hicieron un test para determinar qué animal representaba nuestra esencia, y mi resultado fue **el búho**, símbolo de sabiduría y análisis.

LA ESTRELLA EN LA QUE DEBO CONVERTIRME

Más adelante, mientras trabajaba en la creación de mi marca, le pedí a una inteligencia artificial que generara un logo para mi nombre artístico, Hanzel Newcastle, sin darle detalles y para mi sorpresa, el diseño que surgió era **un búho**. Ese encuentro fortuito reafirmó la presencia del búho en mi vida como un símbolo recurrente.

La última vez que **el búho** se hizo presente fue en Oaxaca, donde me dijeron que **el búho** era mi **Nahual**, mi guía espiritual en la muerte. Esta revelación me dejó perplejo. Si el búho era mi guía espiritual en el más allá, me preguntaba por qué había aparecido tantas veces a lo largo de mi vida, mientras que **la rana**, que se supone es mi guía espiritual en la vida, no se había presentado con la misma frecuencia.

LA ESTRELLA EN LA QUE DEBO CONVERTIRME

8 ¿LA MANIFESTACIÓN FUNCIONÓ?

Después de lograr mi título de licenciado, me sentía **tranquilo y feliz**. Finalmente, había salido de ese lugar. Aunque había presentado el examen para obtener una plaza, nunca supe si lo había conseguido, ya que se cerro el acceso a mi correo y **no podía ni enviar, ni recibirlos.** Aunque podría haber cambiado mis datos, sabía en el fondo que no era lo que realmente quería hacer. A diferencia de muchos en la escuela, que aspiraban a un trabajo seguro, **mi camino apenas se redirigía.**

Era el momento de reorientar mi vida hacia lo que siempre había deseado. Por ello, empecé a explorar nuevas técnicas de manifestación. Comencé a escribir en hojas lo que realmente quería, intentando atraer la vida que siempre había soñado.

Noté que ciertos números aparecían con frecuencia en mi vida. Me preguntaba por qué el 666, que había visto durante mis dificultades en la normal, se presentaba tan a menudo. Pero también comenzaron a aparecer otros, como el 777, el 1111, el 111, el 444 el 333 e incluso el 888.

Todo esto me llevó a investigar sobre numerología y manifestación, y aunque no comprendía del todo su significado, parecía que tenía que confiar en lo que los ángeles en mi camino me estaban diciendo.

LA ESTRELLA EN LA QUE DEBO CONVERTIRME

A inicios de 2024, me propuse lanzar la canción que siempre había querido sacar: **"Fancy Loko"**. Durante **6 años**, había sentido que tenía un potencial único, un brillo que merecía ser revelado.

Sin embargo, no había podido finalizarla debido a una serie de problemas técnicos con el programa y la computadora que me habían atormentado durante años. Pero cuando finalmente recuperé el acceso a la canción, me sumergí en la producción, dedicándole todo mi empeño y pasión.

Siempre había tenido fe en cada una de mis canciones, pero esta en particular poseía una chispa especial que podía catapultarme a otro nivel.

Me planteé la idea de hacer un video musical. Busqué la manera de llevarlo a cabo aunque mi presupuesto fuera limitado. Sin embargo, estaba decidido a invertir lo que tenía en este proyecto. **¡Necesitaba un traje, icónico!** Contacté a directores, escuelas de baile y hasta fui a la presidencia de Texcoco para cerrar calles y poder grabar mi video en la ciudad.

El director creativo que quería para el proyecto inicialmente aceptó, pero las escuelas de baile no respondieron a mis propuestas. Les presenté mi idea, incluso les mencioné que les pagaría lo que fuera, pero, inexplicablemente, no recibí respuesta. Esto me desanimó bastante.

LA ESTRELLA EN LA QUE DEBO CONVERTIRME

A pesar de haber lanzado la canción, me faltaba mucha publicidad y apoyo, algo que todavía no tenia y al final, hasta el director dejo de responder mis mensajes.

Pero no me rendí, continué escribiendo. Durante este proceso, decidí que tenía que plasmar mi historia en un libro.

Algo dentro de mí me decía que iba a tener éxito, que lo lograría. No sabía cómo, pero estaba convencido de que lo conseguiría, porque estaba destinado al éxito, y entonces me haría falta un guión para la película que Netflix o Amazon harían sobre mi historia. **Por eso decidí hacer este libro.**

Recuerdo que busqué a Gustavo para pedirle ayuda con **"Fancy Loko"**, y en un momento él me dijo: "Escogiste el camino más difícil, pero, ese es el que siempre vale mas la pena."

"Universo, estoy manifestando todos mis sueños; ya estoy listo para recibir pronto la vida que deseo: mi mansión, mis premios, mi Grammy, mi reconocimiento mundial, mis hoteles, mi escuela, y toda la abundancia ilimitada que merezco. Manifiesto una vida de éxito, bienestar, y felicidad, en armonía perfecta para mí y todos los que me rodean. Todo lo que llega a mi vida lo hace de forma fluida, segura, y en el momento adecuado para mí. Agradezco recibir estas bendiciones bajo la gracia divina, en completa paz, con gratitud y en armonía con todos."

LA ESTRELLA EN LA QUE DEBO CONVERTIRME

Un día, mientras conversaba con mi amigo Guzzo, él me invitó a su casa a pasar un mes en Ohio. Al principio, me cuestioné: "¿Ohio? ¿Para qué Ohio?". Pero entendí que lo importante era estar en EE.UU.

Por azares del destino, mi abuelita y yo decidimos hacer una cita para obtener una visa, algo que había estado posponiendo durante años. Siempre escuchaba que el proceso era complicado, que incluso si tenías propiedades y una buena situación económica, a veces no te la otorgaban. A decir verdad, había llegado a sentir que no tenía la necesidad de voltear a ver Estados Unidos. Sin embargo, en esta ocasión, decidimos intentarlo. La espera era larga, pero logré adelantar la cita 3 veces, consiguiendo la más próxima.

Mientras a menudo enfrentaba la presión de mi familia para que finalmente saliera a trabajar y **consiguiera un empleo.** La verdad es que lo intenté, pero nunca tuve suerte encontrando trabajos. Me inscribí en plataformas como LinkedIn, Indeed e incluso en Trabajaen, una plataforma del gobierno mexicano, pero no obtuve resultados. Sin mentir, me postulé a más de 200 puestos y nunca fui seleccionado. Aunque había empleos disponibles en mi zona, ninguno se alineaba con lo que realmente quería hacer.

A pesar de todo, hice mi esfuerzo por buscar empleo. Mi mamá a veces me presionaba, y yo estaba desesperado por no tener dinero.

LA ESTRELLA EN LA QUE DEBO CONVERTIRME

No entendía por qué no lograba conseguir un ingreso. Me preguntaba: "¿Por qué nada me sale bien? ¿Por qué no he podido avanzar?". Era una sensación horrible.

Y entonces, en una ocasión, decidí intentar hacerme viral en redes sociales. Tenía todo un álbum, **"Sagas of Dreams"**, y pensé que podría aprovecharlo para captar la atención del público. Me postulé a varios proyectos y concursos en plataformas y becas de bancos, pero a pesar de mis esfuerzos, no logré quedar en ninguno. Era frustrante, ya que parecía que mis manifestaciones no estaban dando resultado. **"Oye, se supone que estoy manifestando el éxito, ¿por qué no consigo nada?"**

Recuerdo que mi padre me dijo que él podría ayudarme, conversamos un poco y al final, solo me sugirió que debía hacer algo que le gustara al pueblo de México, **lo que, en su visión, significaba hacer música de cumbia,** hacer bailes, y presentarme en la televisión. Nunca tuvo la visión de lo que realmente quería hacer con mi carrera, ya que se supone que **yo hago música en inglés.**

En algún momento, incluso intenté combinarlo con la música en español, especialmente cuando recibí críticas sobre por qué hacía música en inglés si estaba en México.

Era frustrante porque sabía que necesitaba salir de mi bello país y encontrar mi propio camino.

LA ESTRELLA EN LA QUE DEBO CONVERTIRME

A pesar de la presión que sentía de parte de mi familia para seguir un camino más convencional, estaba decidido a seguir mis sueños y explorar mi auténtica identidad musical.

Lo curioso comenzó después: empecé a soñar con canciones, se volvían virales, y con películas, incluso actuaba en ellas. Eran como series de Netflix que yo mismo había creado. Sin embargo, al despertar, esas ideas se desvanecían. Intentaba grabar las canciones que soñaba, pero al escuchar las grabaciones, no lograba capturar su esencia. Algunas películas sí logré escribirlas tal como las había visto en mis sueños. Pero no estaba seguro de si eran sueños de visión, esos que algún día simplemente se harían realidad por sí solos o si los estaba soñando porque debía escribirlos y trabajar para convertirlos en realidad con mis propias manos. De cualquier modo creo que los dos pensamientos estaban ligados.

Hay personas que simplemente llevan dentro un deseo ardiente, como una llama que grita por salir. Ese deseo no es cualquier cosa; es un sueño, una misión clara de lo que deben hacer. No es una simple obsesión, sino el anhelo más profundo de ver ese sueño hecho realidad, de tenerlo finalmente entre sus manos.

"EN CASO DE QUE NADIE TE LO HAYA DICHO: ÚLTIMAMENTE HAS HECHO UN GRAN TRABAJO AL MANTENERTE FUERTE DURANTE ESTOS TIEMPOS DIFÍCILES."

LA ESTRELLA EN LA QUE DEBO CONVERTIRME

9 SI TAN SEGURO ESTÁS, QUEMA LOS BARCOS

El momento de la cita llegó, y sí, **me aprobaron la visa, y al primer intento.** Fue un instante mágico; tenerla en mis manos fue como si experimentara flashbacks de todo lo que había imaginado que estaba destinado a ser. Ahora lo veía, con mas seguridad, lo que debía que hacer, como si cada paso del camino hubiera valido la pena. Este era el inicio de una nueva etapa, una oportunidad para hacer realidad mis sueños… **¿Recuerdan?**

"Recuerdo que cuando era niño, miraba a través de la ventana del carro mientras mis padres manejaban. Cada vez que veía un avión pasar me decía a mí mismo: 'Algún día estaré volando a Estados Unidos para hacer mi sueño realidad".

Y entonces sucedió... Busqué un vuelo a Ohio, pero sabía que solo tendría tres meses para hacer algo significativo. Ya que si me pasaba del plazo como "turista" me convertiría en ilegal y podría enfrentar castigos. Así que, antes de salir de México, con mucha determinación, le dije a Guzzo que necesitaba su ayuda una vez más. Le pedí que hiciera lo mismo que cuando nos conocimos: conseguirme presentaciones musicales, pero esta vez no en Isla Mujeres, sino en Ohio. Y el dijo; We're not gonna try, we are gonna do it!

LA ESTRELLA EN LA QUE DEBO CONVERTIRME

Cuando llegué, me di cuenta de que...

Si tú literalmente te encuentras en un nuevo lugar, puedes ser quien tú quieras ser...

**Hi, my name is Hanzel Newcastle, and I come from Wooster, Ohio.
(Hola, mi nombre es Hanzel Newcastle, y vengo de Wooster, Ohio.)**

No cambié mi nombre, solo cambié mi lugar de origen; fue un cambio de mentalidad, no en papeles, no legalmente. Pero yo podía ser cualquiera, o quien yo quisiera.

¿Quién eres? ¿De dónde vienes?

Y lo dije.

Y es que es el punto de mi nombre: nunca conocerás la misma versión de mí. Siempre habrá una NUEVA (New) versión, pero no todos podrán acceder a ella, porque algunas personas debo dejarlas atrás.

Guzzo había respondido con una sonrisa llena de complicidad cuando le pedí su ayuda. Él entendía el peso de este viaje, de este salto hacia un territorio desconocido y lleno de posibilidades. Cuando llegué a Ohio, lo primero que hice fue abrirme camino, como si esas calles y escenarios ya fueran mi hogar, como si cada rincón resonara con las notas que había llevado desde México, como si el aire mismo estuviera esperándome para estallar en música.

LA ESTRELLA EN LA QUE DEBO CONVERTIRME

Aquí, en este nuevo mundo, no había límites ni prejuicios; estaba listo para convertirme en la estrella que siempre debí ser.

Las primeras presentaciones se dieron en pequeños clubes y bares, pero algo empezó a cambiar. La gente hablaba, y el nombre **"Hanzel Newcastle"** comenzó a sonar, a circular en voz baja, como un secreto emocionante entre músicos, empresarios y productores. Guzzo se encargó de que me presentaran con las personas correctas, aquellos que podían abrir puertas y construir puentes que yo ni siquiera sabía que existían. Cada conexión era un paso más hacia ese sueño, y cada actuación era una oportunidad para encender el escenario y hacer que cada persona en la audiencia me recordara.

En poco tiempo, esos lugares pequeños quedaron atrás, y las oportunidades más grandes comenzaron a presentarse.

Un productor local se acercó después de una de mis actuaciones y me dijo, "Tienes algo que no se puede enseñar, Hanzel. Esa hambre, esa intensidad... Quiero que grabemos algo juntos".

Fue el inicio de colaboraciones y proyectos que comenzaron a impulsarme a otra liga, una que yo solo había soñado en mi habitación en México.

LA ESTRELLA EN LA QUE DEBO CONVERTIRME

Dos meses después, Ohio se había convertido en mi trampolín. Las conexiones que hice fueron el inicio de algo mucho más grande. De repente, tenía propuestas para actuar en otras ciudades, en escenarios más grandes, y mi música empezó a resonar en lugares que nunca imaginé. En cada presentación, dejaba parte de mi alma, y sabía que estaba avanzando, paso a paso, hacia esa cumbre que me había propuesto.

Y entonces, llegó la gran oportunidad: una invitación a una gala de la industria musical. Ahí estaba, con figuras que alguna vez parecieron inalcanzables, Eminem, Bruno Mars, Coldplay. Estaba exactamente donde tenía que estar.

Con esfuerzo, perseverancia y, sobre todo, autenticidad, mi música se monetizó en Estados Unidos, y finalmente, lo que parecía imposible empezó a convertirse en mi realidad. Un contrato discográfico, un equipo que entendía mi visión, y el sueño de llegar al Grammy, al SuperBowl ya no eran solo ideas o ilusiones.

Sabía que estaba construyendo mi propio camino hacia él, y no era cuestión de "si", sino de "cuándo".

Sabía que, en algún punto, alcanzaría ese Grammy, vería los millones que alguna vez solo imaginé, y, más importante aún, mi música resonaría con la fuerza que siempre supe que tenía.

LA ESTRELLA EN LA QUE DEBO CONVERTIRME

Los primeros millones llegaron pronto, y esa recompensa no solo era económica, sino también un símbolo de lo que años de esfuerzo, fracasos y perseverancia pueden lograr. No fue solo un golpe de suerte; era el fruto de cada hora, de cada sacrificio que invertí en la música. La libertad que tanto había anhelado se reflejaba ahora en mi vida cotidiana. Tenía el control no solo de mi carrera, sino también de mi tiempo, de mi creatividad y de mis próximos pasos.

Finalmente pude regresar a los lugares con los que soñé regresar, pero ahora con dinero; llevando a mi familia conmigo, con la certeza de tener un hogar y bienestar en cada ciudad. Mis canciones sonaban en la radio y en las listas más importantes, y ver cómo las personas encontraban consuelo o emoción en mi música me hizo entender que realmente había dejado una huella. Más allá de cualquier premio o cifra, estaba cumpliendo mi propósito, algo que había buscado desde el inicio.

El día en que recibí la invitación a los Grammys fue surreal. Ya no era solo un espectador; esta vez era un nominado, alguien que estaba ahí para celebrar no solo su éxito, sino el esfuerzo de cada día y noche en las que creí en mi. Cuando anunciaron mi nombre, sentí un silencio abrumador seguido de una ovación que todavía puedo escuchar en mi mente. Mientras avanzaba hacia el escenario, el brillo de los reflectores se sentía como la culminación de cada

LA ESTRELLA EN LA QUE DEBO CONVERTIRME

sueño y lucha. Sostener ese trofeo fue confirmar lo que ya sabía: que estaba viviendo, finalmente, la vida que siempre quise.

Casi puedo imaginar a aquellos que dudaron de mí, los que alguna vez me vieron con desprecio. Sus caras de asombro, de impacto, al ver las noticias: **"Hanzel Newcastle en los Grammys," "La fortuna de Hanzel Newcastle supera los 120 millones de dólares."** Puedo verlos, impactados, en shock, sin poder creer lo que ven, pero listos para decir, que alguna vez, me conocieron.

Esa noche, regresé a mi hotel, en mi lujosa camioneta negra y me asomé por la ventana, mirando las luces de la ciudad. Sonreí, no por el reconocimiento o la fortuna que ahora tenía, sino por saber que cada decisión, cada caída y cada éxito me habían llevado exactamente a donde debía estar. Porque ahora, más que nunca, estaba listo para todo lo que la vida me tenía preparado. Esto era solo el principio, y sentía, con toda certeza, que lo mejor estaba por venir.

Porque esta historia, mi historia, siempre fue una historia de éxito. Y el resto… bueno, el resto ya es leyenda.

(11/11/2024) Hecho está.

LA ESTRELLA EN LA QUE DEBO CONVERTIRME

Música

Productores: Aqui dejaré algunas de las canciones que quiero que pongan para la película, algunas otras como ya se imaginaran se encuentran dentro de la lectura de este guión, pero las que no, se las dejo aquí;

- Eminem- I'm not afraid (pagina 8)
- Feeling good- Epic Version (Paul Ameller) para el capitulo 8 pagina 88
- Hit The Road Jack- Epic Version- 2WEI Capitulo 8

Poniéndome como en un mundo de rocas flotantes que tengo que escalar en las cuales casi caigo pero que tengo que seguir escalando y ya en la ultima roca esta todo lo que siempre quise, brillando, y al final lo logré. Que vaya sincronizado con esta canción.

- Breathe- Fleurie Legends of Runeterra Version (I see the pages turning) para el capitulo 9 Imaginen que estoy meditando en unas montañas como las de Avatar y después saltando de esa para volar con el equipo de vuelo de algunos paracaidistas. (Solo mental)
- Unlike Pluto-Everything black (Dew Remix) Con esta canción quiero que me visualicen en una etapa a mitad del capitulo 6 queriendo hacer esta canción un show entero como los que ustedes ya saben, pero que solo aparezca como algo que siempre vivió en mi mente y después tener que regresar a la realidad. Lo mismo con la canción de Imagine Dragons Live at the Joint-Radioactive
- Después para Fancy Loko, siempre vivió en mi mente presentarla en el Superbowl llevándome el típico carnaval de aqui de la región con una super coreografía original.

Made in the USA
Columbia, SC
04 March 2025

3c92300e-a443-42c8-ac8a-1b581f7a1682R01